中学校英語サポートBOOKS

スローラーナーを取り残さない

英語のつまずき「超」指導法

安木真一・胡子美由紀 著

明治図書

JN043592

はじめに

　朝日新聞 EduA（2023）において英語好きの小学生が減少し，中学生は成績が二極化の傾向にあることが指摘されています。CEFR の A1 レベル（英検 3 級相当）以上の英語力がある中 3 生の増加の中で，中 1 生の英語力が二極化し，その原因として，中学教科書の学習量の増加並びに，小学校で学ぶ語彙の習得格差が挙げられています。「知識及び技能」「思考力，判断力，表現力等」「学びに向かう力，人間性等」を育む授業を実践しようという現場の先生の努力により，英語が得意な生徒が増えているのは事実ですが，苦手な生徒も増加しているという現実もあります。

　本書を執筆した目的は，そんな英語が苦手な生徒（以下スローラーナー）のつまずきを克服するための指導法を提示することで，先生方の一助になることです。本書でのスローラーナーは「学校において，英語学習でつまずいている生徒」と定義し，基礎的なレベルでのつまずきのみならず，英語学習での様々なレベルでつまずく生徒のことを指します。先生方が授業の中で，生徒がどこでつまずいているのかを見極めて，本書の中の必要な指導法を採用されたらよいと思います。

　本書は胡子美由紀先生との共著です。先生とは約15年前英語教育達人セミナーで，講師を共に務めさせていただいて以来のご縁です。胡子先生の授業はスピーキング活動を中心に多様な音声活動が用いられ，協働学習や個人学習が適宜効果的に使用されており，様々な仕掛けでスローラーナーを取り残さないシステムができていて，生徒全員が積極的かつ主体的に活動に参加しています。

　本書では Chapter 1 では安木がスローラーナー指導の理論や留意点を述べ，Chapter 2 では 2 人で分担してつまずきごとに克服方法について述べています。また，Chapter 3 で胡子先生が Q&A で指導についての質問に答えるという流れになっています。本書は各執筆項目の内容を事前に決めた上で担当箇所を分担し執筆しましたが，一部内容が重複する部分もあります。アプロ

ーチには差がありますので比較しながら読んでいただけたらと思います。

　現代は AI が英語教育や英語でのコミュニケーションに大きな影響を与えています。ChatGPT や自動翻訳を活用する時代になると，教室で英語を学ばなくてもよいのでしょうか。胡子先生をはじめ熱心に英語教育を実践されている先生方の授業を参観するたびに，教室での授業の大切さを痛感してきました。授業中，英語が得意な生徒のみならず，スローラーナーも深く考え，活発に活動している姿を見ると，「人間同士の触れ合いの中で，人は言葉を使い，お互いのコミュニケーションを図り成長していく」ということを感じます。英語という外国語を用いることで，異文化に対する感性も磨かれ，外国語を話す楽しみも味わうことができます。AI はあくまで補助手段に過ぎないと実感します。

　本書は「生徒が主体的に活動していく授業を教師が進めようとしたときに，生徒がつまずく箇所を見つけて克服する指導ができるよう，先生方のお役に立ちたい」との著者たちの想いで生まれました。中学生を対象にしていますが，小学生から大学生までつまずきは起こりますので，どの校種の先生にも参考にしていただけます。胡子先生には，卓越したご実践の立場から私の執筆部分に関して貴重なヒントをいただきました。また『高校英語・スローラーナー支援のための実践的指導法と教材開発』にご協力くださった高校の先生方からの得難いお知恵も本書の執筆のために参考にさせていただいています。この本の出版に関わってくださった皆様に厚くお礼申し上げます。

　一人でも多くの生徒が英語のつまずきを克服し，英語が得意にそして好きになってくれたら望外の喜びです。

2023年7月

安木真一

本書の使い方

Chapter 1

スローラーナーのつまずきを克服する指導のポイント

スローラーナーの捉え方から，つまずく場面の分析，サポート方法まで，つまずきを克服する指導のポイントを3つの視点から徹底解説します。

pp.12-13

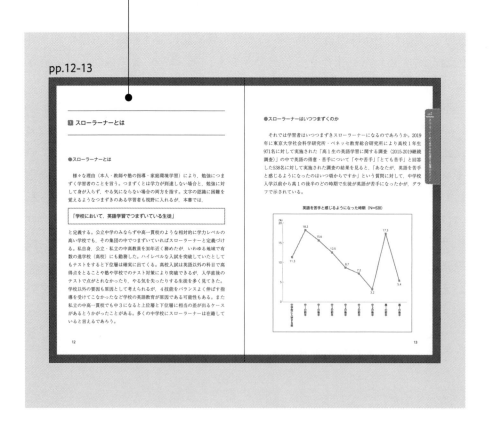

Chapter 2

スローラーナーのつまずきを克服する指導アイデア40

つまずく場面を40に分け，生徒
の様子，指導アイデアを紹介し
ています。─────

指導の際の留意点など，押さえて
おきたいポイントを TIPS として
掲載しています。─────

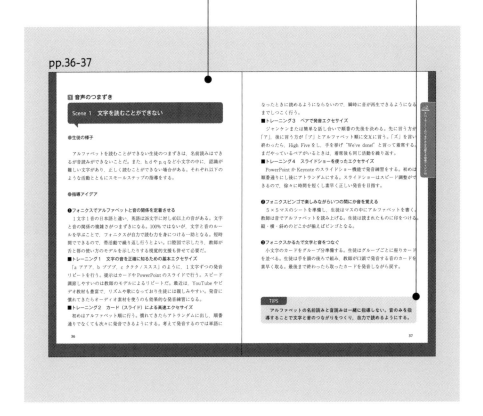

pp.36-37

1 音声のつまずき

Scene 1　文字を読むことができない

●生徒の様子

　アルファベットを読むことができない生徒のつまずきは、名前読みはできるが音読みができないことだ。また、b,d や p,q など小文字の中に、認識が難しい文字があり、正しく読むことができない場合がある。それぞれ以下のような活動とともにスモールステップの指導をする。

●指導アイデア

❶フォニクスでアルファベットと音の関係を定着させる

　1文字1音の日本語と違い、英語は26文字に対し40以上の音がある。文字と音の関係の複雑さがつまずきになる。100% ではないが、文字と音のルールを学ぶことで、フォニクスが自力で読む力を身につける一助となる。短時間でできるので、帯活動で繰り返し行うとよい。口腔図で示したり、教師が舌と唇の使い方のモデルを示したりする視覚的な支援も併せて必要だ。

■トレーニング1　文字の音を正確に知るための基本エクササイズ

　「a アアア、b ブブブ、c ククク／ススス」のように、1文字ずつの発音リピートを行う。提示はカードや PowerPoint のスライドで行う。スピード調節しやすいのは教師のモデルによるリピートだ。最近は、YouTube やビデオ教材も豊富で、リズムや歌になっており生徒には親しみやすい。発音に慣れてきたらオーディオ素材を使うのも効果的な発音指導になる。

■トレーニング2　カード（スライド）による高速エクササイズ

　初めはアルファベット順に行う。慣れてきたらアトランダムに出し、順番通りでなくても次々に発音できるようにする。考えて発音するのでは単語に

36

なったときに読めるようにならないので、瞬時に音が再生できるようになるまでしつこく行う。

■トレーニング3　ペアで発音エクササイズ

　ジャンケンまたは簡単な話し合いで順番の先後を決める。先に言う方が「ア」、後に言う方が「ブ」とアルファベット順に交互に言う。「ズ」を言い終わったら、High Five をし、手を挙げて "We've done!" と言って着席する。まだやっているペアがいるときは、着席後も同じ活動を繰り返す。

■トレーニング4　スライドショーを使ったエクササイズ

　PowerPoint か Keynote のスライドショー機能で発音練習をする。初めは順番通りにし後にアトランダムにする。スライドショーはスピード調整ができるので、徐々に時間を短くし素早く正しい発音を目指す。

❷フォニクスビンゴで楽しみながらいつの間にか音を覚える

　5×5マスのシートを準備し、生徒はマスの中にアルファベットを書く。教師は音でアルファベットを読み上げる。生徒は読まれたものに印をつける。縦・横・斜めのどこかが揃えばビンゴとなる。

❸フォニクスかるたで文字と音をつなぐ

　小文字のカードをグループ分準備する。生徒はグループごとに座りカードを並べる。生徒は手を頭の後ろで組み、教師が口頭で発音する音のカードを素早く取る。最後まで終わったら取ったカードを発音しながら戻す。

TIPS

　アルファベットの名前読みと音読みは一緒に指導しない。音のみを指導することで文字と音のつながりをつくり、自力で読めるようにする。

37

5

Chapter 3

スローラーナーをやる気にする指導の Q&A

スローラーナーのやる気をアップする10の指導法をQ&A形式で紹介しています。

教師と生徒, 生徒同士のかかわりなど, 指導の根幹となるポイントも掲載しています。

p.118

Q1 集中力がない生徒には どう対応すればよいでしょうか

A 目標の明確化・時間設定の細分化・活動の多彩性を重視する

目標は最強の意欲の発信源となり集中力を高める。さらに, 短時間・継続型で多彩性のある帯活動で, 集中力を増幅・持続させることが可能である。

①バックワード・デザインに基づき達成目標を階層化する

生徒の意欲と集中力の強化には目標設定とその階層化が重要だ。教師が目指す生徒と集団の姿を示した上で, 学習の最終ゴールである長期目標, それを達成させる短期目標, そして具体的な活動ごとの行動目標を持たせる。目標設定後は掲示による可視化を行うとよい。筆者は, 願いを反映した集団規範ともなる目標を提示するとともに, クラスモットーとして毎時間声に出し生徒と共有している。

②時間と活動を細分化する

集中力の持続には, 活動ごとのメリハリとアクティブさが必要だ。筆者は帯活動を軸に授業構成を行う。帯活動により, 活動が細分化され, 授業に緩急と変化を持たせることが可能だ。また, 素早い気持ちの切り替えが高い集中力を生み出す。帯活動は継続性が高く, 生徒はやり方を把握しているため, 負荷を下げることができる。生徒主体の学習形態, 自己関連性の高い活動や活動構成の工夫が生徒のエンゲージメントを高める。

外的環境, 性格, 体調, そして教師や生徒との関係性などで集中力は左右される。学級集団や生徒の実態に応じた工夫と対応をする。

118

Chapter 1

スローラーナーのつまずきを克服する指導のポイント

Chapter 2

スローラーナーのつまずきを克服する指導アイデア40

Chapter 3

スローラーナーをやる気にする指導のQ&A

スローラーナーの
つまずきを克服する
指導のポイント

英語学習でつまずいている生徒（スローラーナー）の
分析と指導のポイントをわかりやすく解説します。

1　スローラーナーとは

2　中学生のつまずきを克服する16のポイント

3　スローラーナーを支える ICT 活用法

1 スローラーナーとは

●スローラーナーとは

　様々な理由（本人・教師や塾の指導・家庭環境学習）により，勉強につまずく学習者のことを言う。つまずくとは学力が到達しない場合と，勉強に対して身が入らず，やる気にならない場合の両方を指す。文字の認識に困難を覚えるようなつまずきのある学習者も視野に入れるが，本書では，

> 「学校において，英語学習でつまずいている生徒」

と定義する。公立中学のみならず中高一貫校のような相対的に学力レベルの高い学校でも，その集団の中でつまずいていればスローラーナーと定義づける。私自身，公立・私立の中高教員を30年近く務めたが，いわゆる地域で有数の進学校（高校）にも勤務した。ハイレベルな入試を突破していたとしてもテストをすると下位層は確実に出てくる。高校入試は英語以外の科目で高得点をとることや塾や学校でのテスト対策により突破できるが，入学直後のテストで点がとれなかったり，やる気を失ったりする生徒を多く見てきた。学校以外の要因も原因として考えられるが，4技能をバランスよく伸ばす指導を受けてこなかったなど学校の英語教育が原因である可能性もある。また私立の中高一貫校でも中3になると上位層と下位層に相当の差が出るケースがあるとうかがったことがある。多くの中学校にスローラーナーは在籍していると言えるであろう。

●スローラーナーはいつつまずくのか

　それでは学習者はいつつまずきスローラーナーになるのであろうか。2019年に東京大学社会科学研究所・ベネッセ教育総合研究所により高校1年生971名に対して実施された「高1生の英語学習に関する調査〈2015-2019継続調査〉」の中で英語の得意・苦手について「やや苦手」「とても苦手」と回答した538名に対して実施された調査の結果を見ると、「あなたが，英語を苦手と感じるようになったのはいつ頃からですか」という質問に対して，中学校入学以前から高1の後半のどの時期で生徒が英語が苦手になったかが，グラフで示されている。

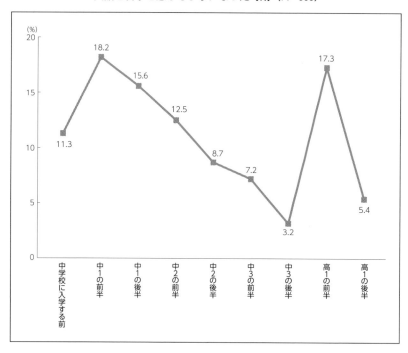

英語を苦手と感じるようになった時期（N=538）

これによると中１の前半に英語に苦手意識のある生徒が増え，中学の学年が上がるにつれて徐々に数が減り，高１になると一気に増えることがわかる。

　中１は生徒の英語学習にとって非常に大切な時期である。私が中学生を担当していたときに，英語が苦手だと感じている生徒がいて，いつそう感じるようになったかを聞いたところ，小学校３，４年と答えた生徒がいた。その生徒のいた小学校は低学年から英語を学習していたということであった。

　小学校３年から英語教育が始まった今，中１になった時点でスローラーナーになっている生徒が今後増えることも予想される。さらに早期英語教育が始まる中で，保護者の経済格差により，学校以外に塾などに行ける余裕のある子どもとそうでない子どもがいる状況があり，そのこともスローラーナーを生みやすい一因となる可能性がある。また指導要領改訂により，学習事項が大幅に増加しているため，今後英語が苦手な生徒や嫌いな生徒が増えることも考えられる。このような状況を踏まえると，中学生のスローラーナーを意識した教え方の改善が急務である。

●中学生はどのような場面でつまずくのか

　中学生はどのような場面でつまずきを感じるのであろうか。ベネッセ教育総合研究所の「中高生の英語学習に関する実態調査2014」の中にある「英語の学習にかかわることについて，次のようなことはどれくらいあてはまりますか」という英語学習のつまずきに関する質問では，次頁の表のような回答が見られた。

　この表を見るとわかるように，中学生が最もつまずいているのは文法に関わる部分である。しかも中１に最もその比率が高い。この調査がなされた2014年頃は，小学校５，６年生で「外国語活動」として英語が必修化されており，小学校での活動を中心とした英語教育から，文法用語が使用される中学の英語教育に入り戸惑いつまずく様子が垣間見られる。

英語学習のつまずき

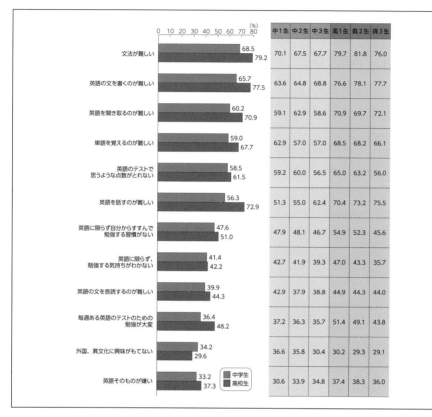

	中1生	中2生	中3生	高1生	高2生	高3生
文法が難しい　68.5／79.2	70.1	67.5	67.7	79.7	81.8	76.0
英語の文を書くのが難しい　65.7／77.5	63.6	64.8	68.8	76.6	78.1	77.7
英語を聞き取るのが難しい　60.2／70.9	59.1	62.9	58.6	70.9	69.7	72.1
単語を覚えるのが難しい　59.0／67.7	62.9	57.0	57.0	68.5	68.2	66.1
英語のテストで思うような点数がとれない　58.5／61.5	59.2	60.0	56.5	65.0	63.2	56.0
英語を話すのが難しい　56.3／72.9	51.3	55.0	62.4	70.4	73.2	75.5
英語に限らず自分からすすんで勉強する習慣がない　47.6／51.0	47.9	48.1	46.7	54.9	52.3	45.6
英語に限らず、勉強する気持ちがわかない　41.4／42.2	42.7	41.9	39.3	47.0	43.3	35.7
英語の文を音読するのが難しい　39.9／44.3	42.9	37.9	38.8	44.9	44.3	44.0
毎週ある英語のテストのための勉強が大変　36.4／48.2	37.2	36.3	35.7	51.4	49.1	43.8
外国、異文化に興味がもてない　34.2／29.6	36.6	35.8	30.4	30.2	29.3	29.1
英語そのものが嫌い　33.2／37.3	30.6	33.9	34.8	37.4	38.3	36.0

（凡例：中学生／高校生）

　このアンケートの中で，ほぼ4割以上の中学生が苦手意識を持っている「文法が難しい」「英語の文を書くのが難しい」「英語を聞き取るのが難しい」「単語を覚えるのが難しい」「英語のテストで思うような点数がとれない」「英語を話すのが難しい」「英語に限らず自分からすすんで勉強する習慣がない」「英語に限らず，勉強する気持ちがわかない」「英語の文を音読するのが難しい」を，本書のChapter 2では4つに分類している。

　「英語を聞き取るのが難しい」「単語を覚えるのが難しい」「英語の文を音読するのが難しい」は「**1** 音声のつまずき」，「文法が難しい」は「**2** 文法の

つまずき」,「英語に限らず自分からすすんで勉強する習慣がない」「英語に限らず，勉強する気持ちがわかない」「英語のテストで思うような点数がとれない」は「③動機づけのつまずき」,「英語の文を書くのが難しい」は「④その他のつまずき」に分類した。

　いくつかの項目は複数の分類に入るものもある。例えば「単語を覚えるのが難しい」は音と文字と意味の一致が大切であるため，①に分類しているが，他にも様々な要素があるので④ともとらえられるし，「英語の文を書くのが難しい」は②も大きく関係している。したがって，類似したつまずきの克服方法が，角度を変えて，別の分類の中に出てくることもある。

2 中学生のつまずきを克服する16のポイント

●音声中心の授業を行う

　私自身，かつて授業崩壊を経験したことがある。授業を立て直すきっかけになったのが英語の歌を使ったこと，そしてキング牧師の演説などの本物のスピーチを教材として使ったことであった。それによりなんとか授業が成立するようになった。その後は音声，しばらくたってからは特に音読を核にした授業を行うようになった。その際の経験から，音声，特に音読中心の授業こそがスローラーナーのみならず生徒の英語力向上の上で最も大切なものであると確信している。

　授業を開始する前から少しずつ英語の環境づくりをするために英語の歌を使うこともできる。教師が少し早めに教室に行って英語の曲を流しておくのである。また，時には授業の最初に歌う曲を流して開始と同時に最初から歌を歌うことも考えられる。今なら動画つきの歌を流しておくこともよいであろう。

　ただしこれは授業の一部ではないので，あくまで雰囲気をつくるということになる。授業中に歌を使用する場合は，リスニングで穴埋めをしたり，強勢を置く位置やつながる音を確認したり，英語の意味を考えたりした後で，音読練習後歌を歌う。その後は授業のはじめにその歌を歌い，定期的に歌を変更する。

　またイントロあてクイズなども時にはウォームアップ活動として行うこともできる。日本語の歌を洋楽に書き換えたものを使うと，生徒がその歌を知っている確率が高いのでお勧めである。

●生徒のレベルに応じた指導をする

　授業の方法や宿題の出題方法には工夫がいる。授業では2～3種類のワークシートを用意して自分のレベルにあったものを行うようにする。

　例えばクローズで穴あきプリントを使用して，音読のペアワークを行う際に，クローズテストの難易度を分けて自由に選ばせて行うなどの方法がある。宿題も生徒に暗唱する英文の量を決めさせて，自分で決めた部分を暗唱してくることなども考えられる。授業内外で多読を行う際にも生徒に自分にあったレベルのものを選ばせる。自学ノートを生徒に作成してもらって提出させることも考えられる。

●4技能のバランスのとれた指導をリンクして行う

　4技能のバランスのとれた指導では同じ教材を様々な角度から繰り返す，「ラウンド制指導法」と呼ばれる指導法を推奨する。

　簡単に説明すると，「本文を閉本で聞き，開本後本文を黙読し，読んだものを音読し，音読したものを書き，書いたものを話し書く」という手順で指導することである。まずは何度も英語を聞かせることで，他の技能にも転移できる力を身につけることができる。特にポーズつき音声を聞かせることはスローラーナーへの指導として有効であるばかりではなく，上位層を含む集団のリスニング力強化にも役立つ。その際にはQを与えてから聞かせるとよい（Chapter 2「Scene32　リスニングで文や文章の意味がわからない（p.98）」参照）。

　次に音声ペースメーカーの内容理解を行う（Chapter 2「Scene31　英文の内容理解ができない（p.96）」参照）。その後，アウトプット活動を行うことで本文を何度も繰り返すことになり，スローラーナーにも英語が定着しやすい。

●適切なスピーキング活動を行う

　コラム（p.32）でご紹介した胡子先生の授業では，生徒が積極的にスピーキング活動を行っている。安木（2017）は高等専門学校2年生（高等学校2年生相当）を対象にした授業で，ラウンド制により音声中心の授業を行い，適切な場所でスピーキング活動を行ったところ，前年度までの授業手法と比べて，年間を通して特に下位層の生徒が授業に積極的に取り組み，リーディング・スピードも向上したことを明らかにしている。スピーキングには大きく分けると，エラーをおかすことを恐れず行う自由度の高いスピーキングと，音読後に行う正確さに重点を置いたリテリングのようなスピーキング活動とがあるが，この実践では帯活動の中で主に流暢さ（Fluency）を重視した活動を行い，内容理解後の発展活動の中で，主に正確さ（Accuracy）を重視したスピーキング活動を行っている。また，そのスピーキング活動を定期テストの一環として定期テスト前にインタビューテストを行っており，スピーキングを毎時間の授業で行い，評価の一部もスピーキングで行うことで，スローラーナーの動機づけにも効果があったことが示唆されている。

　4技能をリンクさせた授業の中でのアウトプット活動には，主に流暢さを重視した活動と，主に正確さを重視した活動の2種類があり，それをバランスよく行い，評価にも入れることで，生徒の学習への意欲が高まる。

●学習障がいの生徒に配慮する

　様々な発達障がいを持つ生徒がいる。その一つに「学習障がい（LD）」がある。文部科学省では，以下のように定義している。

　　学習障害とは，全般的に知的発達に遅れはないが，「聞く」「話す」「読む」「書く」「計算する」「推論する」といった学習に必要な基礎的な

能力のうち，一つないし複数の特定の能力についてなかなか習得できなかったり，うまく発揮することができなかったりすることによって，学習上，様々な困難に直面している状態をいう。

　読み書きに関して文字習得が困難な場合には，ディスレクシア（dyslexia）も考えられる。調査にもよるが，日本語話者に関しては，読み書きの困難さの出現率は2〜4％程度と言われているが，英語圏では人口の10％程度と言われている。

　英語におけるディスレクシアの特徴は，単語の読みを正確に流暢に行うことの困難さ，つまりスペリングの音声化，また二次的には読解力の低下もまねく。「読み」や「書き」に関する様々なつまずきが生じる。詳しくは瀧沢（2013），村上（2018）を参照するとよい。

　対処方法としてまず大切なのは教師がディスレクシアの知識を持ち，該当生徒を担当するときに気づくことである。多感覚に関する理論についてはマルティプル・インテリジェンスが有名であるが，VAK APPROACHにある視覚（Visual），聴覚（Auditory），身体感覚（Kinesthetic）の3つの感覚で考えるのが授業で実施しやすい。視覚，聴覚，身体感覚それぞれに得意とするものがあると考えられ，生徒ごとに把握すべきであるが，本書では p.17で述べた音声を中心に残りの2つを加えてバランスよく使用することでそれぞれの特性をもった生徒に対応することとする。

　本書「Chapter 2 ❶音声のつまずき」の指導例の中には，この3つの感覚が様々な場面で使われており，文字と音のつながりに困難をもつ生徒の指導の一助となる。この指導アイデアで特徴的なのは身体感覚に関するもので，様々な場面で教師や生徒が身体を使う場面が見られ，身体運動とともに呼吸を重視している。「Scene19　文法導入の説明が伝わらない（p.72）」にあるTPR を用いるのも効果的であろう。

　多感覚に配慮して指導を行うことは，学習障がいを持つ生徒ばかりでなく他の生徒にも有効なアプローチであると言えよう。

●授業開きを大切にする

　最初の授業（3回目くらいまでで徹底させて）でルールを設定しておくことが大切である。特にスローラーナーが多いクラスでは，教師が当たり前だと感じていることでも明文化してルール化しておくとよい，「チャイムが鳴る前に座っておくこと」「教科書とノートと筆記用具を机の上に置いておくこと」「決められた座席に座ること」「クラスの生徒の勉強や発言を邪魔しないこと」などを確認しておくとよい。

　私も若いころ経験があるが，授業の最初に生徒が着席できない状態で話し続けていて，そこから座す指導をするところから始めると，結果として進度も遅くなり，授業もうまくいかない。当たり前と思うことでもはっきりと伝えておくことが重要である。さらに授業活動におけるルールも決めておくとよい。本書のScene22の「❷コミュニケーション・ルールの徹底と成功体験を積み重ねる（p.79）」では，生徒と作ったルールついて言及している。

　また授業の目的や授業で身につくこと，そのために生徒は具体的に何をするべきかなども伝えておく。その目的がいかに大切であるかを述べると同時に，先輩の表現活動例でよいものがあれば示すなどする。スローラーナーだった先輩が伸びた様子なども語り，映像を見せるとよいであろう。私の場合は大学の英語の授業の中で，目的や教師や学生がすべきことを述べた後，実際に音読中心の授業を体験させ，その前後で力がついていることを実感してもらっている。中2以降なら授業開きでも使用できる方法である。

●テストまでの到達目標に向かい授業の目標と流れを明らかにする

　3年間の到達目標に向かって，学年の到達目標があり，学期の目標があり，定期テストまでの目標があり，そして1課の目標があり，授業でのパートごとの目標が存在する。スローラーナーには特に，その先にある定期テス

トを見据えながら，その授業中の活動を行えば，1課の終わりには何ができるようになり，その先の定期テストでも得点できるようになるという道筋を可能な限り示す。生徒に，その目標に向かう，その時間の到達目標を明確に示す。そして各活動も黒板に提示しておく。こうすることによって，生徒は授業の中での現在位置を知ることができる。また時にはその活動をなぜ行うかも示してあげるとよい。

　スローラーナーにとって困難なことは授業の中での現在位置がわからないことである。今の活動や授業の現在位置はどこなのか，どうしたら定期テストなどで点がとれるかをはっきりと示すことが大切である（授業内での見通しに関しては Chapter 2「Scene24　授業内容を理解できない（p.82）」をご覧いただきたい）。

●協働学習を行う

　ペアワークやグループワークを効果的に行う必要がある。スローラーナーにとっては教師に教わるのではなくクラスメートから教わるほうがよい。コラム（p.32）でご紹介した授業を見ていると，全体での授業場面，4人グループで行う場面，ペアで行う場面，個人で行う場面が授業全体の流れの中で効果的に組み込まれていることがわかる。特徴的なのは理解できている生徒が他の生徒に教えているというよりは，生徒が受身ではなく自分から相手に質問している場面が多く見られることである。集団の中で生徒同士にかかわりがあり，自ら学び，気づき，そして違いを楽しもうという雰囲気になって，授業を見ている限りスローラーナーが存在していないかのように見える授業展開になっている。これが自由自在に行われている協働学習や様々な活動の効果である。そしてその雰囲気ができることにより，より協働学習がうまくいくという相乗効果が生まれる。

　ペアや協働学習に参加できない生徒への対応については，Chapter 2「Scene25 ❷ペアや小グループで自信をつけさせる（p.85）」，Chapter 3

「Q3　仲間と協働できない生徒にはどう対応すればよいでしょうか（p.120）」をお読みいただきたい。

●時間通り授業を始めて時間通り終える

　時間を守るということは誰でも納得できるルールではないだろうか。それなら教師自身が模範を示し時間通り授業を始め，時間通り終えることで，授業にリズムができ，スローラーナーも授業に取り組む要因となる。
　実際荒れた中学校で，全教科で授業の開始と終了を守ることを徹底した結果学校が落ち着いてきたという実践報告もある。

●生徒の現状を把握する

　特に担任以外のクラスに関しては，どのような生徒が授業の中にいるのか把握するのが難しい。家庭調査票や各種の検査テスト結果などできるだけ担当クラスの生徒に関しての情報を集めるとよい。気になる生徒がいれば担任の先生に聞いてみるとよい。343（さしみ）の法則では，集団には上位の3割，中位の4割，下位の3割がいるとある。特にそのクラスの上位3割が誰であるか，下位3割が誰であるかを把握しておくと，授業を引っ張っていく生徒とスローラーナーの生徒がわかるので，授業運営の際の見方が変わる。
　3割の生徒を班学習ではリーダーにして，下位3割の生徒は各グループに入れるなどの工夫もできる。上位下位3割が多いと感じる場合は状況に応じて人数を少なめにすればよい。

●文法のルールは単純化し常に使う

　文法のルール，特に意味順に関しては，生徒がいつも原点に戻れるよう意味の順番を視覚化しておくとよい。例えば次のようにカードを常に黒板には

23

りつけておき，４技能の様々な活動をする際に参照させる。

誰・何	する・です	誰・何

　語順だけでなく，常に動詞には○をつけておくことなど，その先生が文法の基本ルールだと考える部分を定義づけし常にその角度から文法指導を行うとよい。Chapter 2「Scene14❶英作文の中で語順を意識した練習を行う（p.62）」や，Chapter 3「Q８　語順を理解できない生徒にはどう対応すればよいでしょうか（p.125）」が参考になる。

● 「わかる」に集中するが面白い活動も時には行う

　皆さんは以下の表の１，２，３，４の中で，どれが最も大切だと考えるであろうか。スローラーナー指導においては，どれが最も重要であろうか。もちろん１が最も重要であろう。

	1	2	3	4
わかる	○	○	×	×
面白い	○	×	○	×

　では，２と３を比較するといかがであろうか。
　まず「わかる」という部分に集中すべきなので，２がより重要と考えられる。では面白いという部分は不要であろうか。ここにいう面白いは amusing の意味と interesting の意味の両方を含んでいる。つまり楽しさと同時に，知的な面白さを含んでいる。スローラーナーの指導において，わかるという部分にだけ集中し，ドリル練習や説明だけをしておけばよいというものではない。自分やクラスメートのことについて語るスピーキング活動や，教材を深く読み取りその内容についてクラスで話し合い自己表現する活動など，発

達段階に応じた知的な活動を行う必要がある。

　どの生徒も，語学の学習を通して，語学力だけではなく，周囲とのコミュニケーション能力や異文化への対応力，環境や平和について考えること，ひいては人間性を高めることが英語教育の中には求められている。今後 AI による自動翻訳技術が進歩する中で，ますます求められてくる能力であろう。

●授業アンケートをとる

　公式のアンケートとは別に，生徒がどんな授業を望んでいるのか，どんなことができるようになりたいのか等を生徒に聞いてみるとよい。授業全体の感想のみならず「今行っている活動の中でどの活動が好きなのか，力がつくと感じているのか」「どの活動が難しくついていけないと感じているのか」などの項目も入れておく。「授業やクラスの雰囲気はよいのか」なども理由欄とともに入れておき，よくないという回答が多く「私語が多い」などが出てくれば，クラスで共有すると，騒いでいる生徒も気にして教室の雰囲気がよい方向に行くことも考えられる。

　アンケートは頻繁にとると意味が薄れるし，急速な授業改善は難しいので学年当初と長期休暇前など，回数を限定するとよい。スローラーナーにとってよりよい授業環境にするためには，まず生徒自身に意見を聞くことも一つの方法である。

●学習事項を復習するシステムをつくる

　学習事項は復習が大切である。特にスローラーナーは既習事項を身につけていく必要がある。熟練教師は，普段の授業の中でこの復習活動を自然と行っており，学習者のレベルによりティーチャー・トークで使う英語をコントロールしていると授業見学をした際に感じている。

　ティーチャー・トークでは，可能な限り既習事項を使用するようにした

い。しかしほとんどの場合，これは難しいので，通常の授業の中で既習事項を何度も復習することが大切である。Chapter 2「Scene38❶学習済みの範囲を音読後，小テストを行う（p.110）」には英単語学習について教科書を復習をしながら定着させる方法について述べている。

　さらに前時や前前時の授業を復習する仕組みも授業の中につくる必要がある。授業のはじめに前前時の内容をシャドーイング，前時の内容をオーバーラッピングを行うなどしては，いかがであろうか。

●教師自身のつまずき体験を思い出す

　かなり前の話であるが，私は中学生のときに受けた体育の倒立前転の授業の恐怖体験が忘れられない。横で先生の「なんでできないんだ」という声だけが響いて，結局できなかった。

　他にも芸術系の科目等で同じような経験を何度かしている。教師になった後，英語が苦手な生徒たちを目の前にして，「どうしてこんなことができないのだろう」と思うこともあったが，目の前の生徒の姿はよく考えてみると教科は異なるが，かつての自分の姿と同じであった。こう考えると自分が苦手であった教科での経験もスローラーナーに対する指導を考える際には貴重であると言える。

　英語教師は自分が苦手であった教科でうまくいかなかったときのことを思い出してはいかがであろうか。その経験を基に目の前の生徒に対して，苦手を克服するための具体的な方法を提示したり，英語の楽しさを教えてあげたりするよう努力してはいかがであろうか。

　またもう一つの方法としては新しい外国語を一から勉強してみてもよい。外国語の勉強がどれほど難しいか認識し，スローラーナーの気持ちに近づける。自分の体験と合わせて考えると生徒の状況をより理解でき，よい方法が出てくる。

●生徒と話す場面を多くつくる

　全体で行う授業中にも授業外にも個別に生徒を見ていく観点が必要である。中にはやんちゃな生徒ともよい関係を持ち，授業にも生徒が積極的に参加しているという先生がおられる。かといって生徒を甘やかしているわけでもなく，適度に叱っておられる。よく見ると，授業外のあらゆる場面で，生徒に声かけをされているのである。

　授業外には生徒は別の顔を持っていて，心を許してくれるので，気になる生徒には声かけをするとよい。勉強の話はせず，とりとめもないスポーツや芸能などの話でよい。難しいとは思うが，時間が許せば一緒に休み時間に遊ぶのもよいであろう。球技大会等の行事のときに，教師自身が参加したり話しかけたりする機会を持つのもよいであろう。

Column　　**スローラーナーへの指導法の観点**

「生徒に対して好き嫌いはなく，公平に接するようにする」

「カウンセリングマインドを持ち，生徒の言うことをよく聞く」

「ほめるときは生徒に共感し具体的にほめ，怒るときは自分の感情に流されず具体的に伝える」

など，教師の姿勢としてよく言われることもスローラーナーを指導する際にも忘れてはならない観点だ。教師も人間なので，なかなか理想通りにはいかず感情にまかせて怒ってしまうこともあるが，生徒にとってよりよい教師になろうとする道筋の中に教師そのものの成長もあるのだと今の年齢になってわかってきた。

3 スローラーナーを支える ICT 活用法

　GIGA スクール構想の中で各生徒にタブレットやパソコンが配付されるようになってきている。各地でタブレットを使用した授業を見るようになってきた。若い先生方は多くの場合あっという間に使用方法をマスターされ，生徒も問題なく使用しているように見える。

　ここでは多くの学校で使用されているタブレット（iPad，Windows タブレット）に絞り，スローラーナー指導に役立てる際の活用法について述べる。

●スローラーナーのための ICT 活用法の原則

　到達目標に対して，活動を定め，どの活動でどのような目的で，スローラーナー指導の効果も考えながら，どのようなタブレットの使用がふさわしいかを考えるのが本来の方法である。しかし私が近年訪問し見てきた学校の現状を考えると，教室によっては Wi-Fi が弱く活動に支障が出たり，紛失を防ぐために授業時間しか生徒がタブレットを使用できなかったりと学校によって差があることがわかった。また自宅にタブレットを持ち帰れても，自宅での Wi-Fi 環境が十分でない場合がある。使えるコンテンツも学校によって差があり，先生ご自身の ICT リテラシーにも差がある。

　そこで私の提案は生徒の実情，学校の環境，先生自身の ICT リテラシーの程度に合わせて使うところから始めることだ。あくまでスローラーナーを含む生徒の英語の力の向上が目的なので各自のできる範囲で使用することが大切だ。

●スローラーナーを支える ICT 活用法

3 つのつまずきに関する ICT 活用法をご紹介する。

①ノートがとれないつまずき

これはタブレットを持ち帰ることができる場合に限るが，従来の紙のノートの代わりにタブレットをペン入力で使用することを提案する。すでに実施している学校もある。ノートを忘れてくる生徒が出るのを防ぐことができる。先生が送ったプリントにそのまま書き込むこともできる。紙のノートを好む生徒はそれでもよいことにしてもよい。また書くことに困難を要する生徒がいる場合は Bluetooth キーボードを使用して文字入力することを許可してあげるとよいのではなかろうか。

これは意見が分かれると思うが特別支援の一環と考えて義務教育段階でも許可してはどうであろうか。

②音声上のつまずき

ICT の活用は音声面でもスローラーナーの支援に有用である。

まず音声認識機能を使い生徒自身の発声する英語がどの程度正確に文字として再現できるかを知る機能を使用すること提案する。これを行うには様々なソフトがあるが，多くの学校で標準装備されている Microsoft 365 の Word の録音機能を使用してはいかがであろうか。

Word の画面を開くと右上にマイクのマークがありディクテーションを押すと，録音が開始される。録音ボタンを押した際に設定ボタンが出てきて言語を指定できるが，英語も 5 つの種類の英語が選べるのでとりあえず米国にしておけばよい。発音の重点箇所を学習後，音読練習を授業中に行った後で，指定箇所を音読させ，可能な限り，文字が正確に出るところまで練習して，教師に送ってもらうか，Google ドライブなどに共有させる。人数が少ない

クラスなら教師のところに持っていってもよい。

　Microsoft 365が使用できない場合は，Googleドキュメントを使用するとよい。生徒の提出したファイルの中で共通して発音ができておらずつまずいている部分をいくつかピックアップして，教師自身もその部分を練習して，次の時間に発音方法を指導するとよい。

　なおChapter 2「Scene 3　音の聞き分けをすることができない（p.40）」の子音の練習やミニマルペアの練習にもこの機能を利用するとよい。ミニマルペアを練習後，音声認識させ提出してもらう。なおオンライン上には音素の練習のためのサイトがあるので説明の際にはそれらを利用してもよい。「英語の会　https://eigonokai.jp/（発音記号3時間マスター）」では音素ごとの発音方法が動画つきで紹介されている。

　その他ELSA Speak English（iOS）のように発音診断をしてくれるアプリや，発音図鑑（iOS）のように口の形を確認できるアプリもあるので，学校のタブレットに入れなくても，興味のある生徒には自主勉強用に紹介するとよい。

　音読がうまくできないつまずきに関しては，各自タブレットを使用してポーズつき音声で，オーバーラッピングを行ったり，ポーズごとのリッスン・アンド・リピートを行ったりさせるとよい。その際のICTを使用したポーズつき音声の作成や録音音声の提出に関してはChapter 2「Scene40　音読の宿題をやってこない（p.114）」をご覧いただきたい。Microsoft Teamsの Reading Progressやロイロノート・スクール，Google Classroom，Qulmee（EAST EDUCATION）などが音声提出用に使用されている。

　最近リテリングやスピーチを行いペアの相手に録画してもらい提出する実践を何度か見た。ここでもTeamsやロイロノート・スクールなどが使用可能である。

　うまくいく秘訣はいきなり録画するのでなく，何度かペアを替えて練習し，相手の顔を見て言えるようになるまで練習することと，教室内が密になると他の生徒の声が入るので，半分は廊下に出して行うなど距離をおいて実

施することが大切だと感じた。

　音声のつまずきに関してはアフレコも生徒を動機づけする活動である。英語のニュースや映画のワンシーンなどを何度も映像を見ながら同時に読み，その後各自で音読するなどで練習した後，個人，ペア，またはグループでタブレットに録音させ提出してもらうとよい。

③文法のつまずき

　一つは Chapter 2「Scene18　文法の復習で何から行えばよいかわからない（p.70）」にあるように，タブレットを使用して YouTube などで自分の苦手部分の動画を見るよう生徒に勧めるとよい。

　文法に関するアプリは多くあるが，単純で使いやすいものがよい。岐阜県の ICT の達人である渡部正実先生お勧めの「早打ち英文法（iOS, Android）」は中学生～高校生の範囲の一通りの英文法を網羅している。どちらかといえば中学生向きである。空欄補充・スペル入力・整序英作の3つの種類の問題が出題されている。ゲーム感覚で何度練習しても飽きることはない。特に語順は Chapter 2「Scene14　書いたり話したりするときに正しい語順で文が作れない（p.62）」にあるように，つまずきやすい項目なのでゲーム感覚で練習するようスローラーナーに勧めてはいかがであろうか。

　もう一つは生徒がつまずきやすい作文であるが，教員に提出前に Grammarly を利用して添削することを考えてもよい。ただしスローラーナーの場合あまりにもグローバルエラーがあると Grammarly にも判別困難なので，ある程度型を決めて書いた文章などで行うとよい。

　なお，最後になるが Microsoft Forms や Google フォームを利用して小テストなどを行うことも，瞬時に採点結果がわかり，そこでフィードバックもしやすいのでスローラーナー向けと言えるだろう。

スローラーナーへの配慮をした授業

　2022年の10月に本書の共著者である胡子美由紀先生の授業を参観した。以下私が胡子先生に当日送った授業へのコメントの内容である。

　こんにちは。本日はありがとうございました。授業で感じたことを書かせていただきました。最初の方はメモ形式の記述ですがお許しください。

・テンポがあり動きがあり学びのある授業。
・教師の細かい配慮により生徒同士が助け合い学びの共同体ができている。特に担任クラスでその傾向が強い。
・徹底的な教師による英語での授業と様々な活動により，セットフレーズを生徒は取り込んでいる。
・学びを深めるために工夫された席の配置がある。
・どんな質問にも，生徒は積極的に反応し答える雰囲気ができている。特に先生からの質問に対する反応はほとんどの生徒が速やかであり体全体で反応している。
・全員の生徒が積極的に活動に参加している。スピーキングを行っている。
・スピーキング中心であり，これが動機づけにもなっている。
・小さな活動が大きな目的のために無駄なく多く配列されていて，活動自体は短いので生徒は飽きることはない。
・様々な場面での繰り返しの発音練習による音素レベルでの発音やリズムを使った音声練習で，音素やプロソディーも常に意識している。
・発声とともに体を動かすことでリズムをとり，発声速度をあげていることになっている。

・高速で話されるティーチャー・トークをほぼ理解している。これは学年のはじめに不明な言葉があればペアで確認するなどの工夫による。

・授業の最初に目的が示されており，その目的に向かって，生徒は授業に参加している。

・文法項目の定着のために SV 説明の意味順が示されている。

疑問点

(1)スローラーナーは本当に先生のリスニングはできているか？　なんとなく動いていないか？

(2)生徒が全員積極的に参加しているように見えるがこれにはどのような仕掛けがあるか？

(3)特に SV 以降部分において文法上の誤りが見られるが今後どのように指導がなされるか？

提案事項

(1)1組の授業の最後の部分にあったリスニングですが，これはもう1回程度は行って，聞けなかった部分を確認させてはいかがでしょうか？　その際に先生の音声にポーズを置き音読するとわかりやすさが増します。なおスローラーナー対策としては絵を埋める，内容に関する図を作成し埋めさせる，聞き取れた内容語をグループで考えさせるなどの作業を行わせるとよいです。

(2)同様に開本後の内容理解はリスニングの内容をさらに詳細にした質問を与えた後で音声ペースメーカーで本文を黙読させるなどの活動を行うとよいです。

＊(1)(2)のような活動は学年が上がって英文が難しくなり，生徒の発達段階が上がるにつれて必要です。その場合，帯活動を少し削る必要があると思います。

(3)音読活動や単語練習でも内容や音声の取り込みのためにさらなる工夫があるとよいです。例えば音読や単語練習の際に教師が日本語，生徒が英語，再度教師が英語，生徒が日本語という活動を入れるとよいです。オウム返しを避ける効果があります。また日英通訳演習でも1人がフレーズ訳で日本語，相手が英語とするとよいです。意味を考えながら音読する練習になります。

(4)最後の活動はスピーキングの発表で終わるのではなくクイック・ライティングのようなライティング活動に落とし込んではいかがでしょうか？

　ともあれ私には到底真似のできない愛情に裏づけられた配慮の行き届いた授業でした。とても勉強になりました。ありがとうございました。

　しばらくたって授業にクイック・ライティングを取り入れられ，生徒のライティング量が増えてきたという報告をいただいた。生徒からの活動に対する評判もとてもよいとのことである。

　リスニングの量を増やし，Qをあらかじめ問うことも始められたとのことであった。生徒の心に火をつける素晴らしい先生はどれだけよい授業をしていても，謙虚で修正力もあり柔軟であると感じた。1時間の授業の中に中位層，上位層の生徒も伸ばしながら，スローラーナーへの様々な配慮がなされていることにお気づきになるであろう。

スローラーナーの
つまずきを克服する
指導アイデア40

スローラーナーのつまずき場面に応じた英語授業での指導アイデアを詳しく紹介します。

1. 音声のつまずき
2. 文法のつまずき
3. 動機づけのつまずき
4. その他のつまずき

1 音声のつまずき

●生徒の様子

　アルファベットを読むことができない生徒のつまずきは，名前読みはできるが音読みができないことだ。また，b, d や p, q など小文字の中に，認識が難しい文字があり，正しく読むことができない場合がある。それぞれ以下のような活動とともにスモールステップの指導をする。

●指導アイデア

❶フォニクスでアルファベットと音の関係を定着させる
　1文字1音の日本語と違い，英語は26文字に対し40以上の音がある。文字と音の関係の複雑さがつまずきになる。100% ではないが，文字と音のルールを学ぶことで，フォニクスが自力で読む力を身につける一助となる。短時間でできるので，帯活動で繰り返し行うとよい。口腔図で示したり，教師が舌と唇の使い方のモデルを示したりする視覚的支援も併せて必要だ。
■トレーニング1　文字の音を正確に知るための基本エクセサイズ
　「a アアア，b ブブブ，c ククク / ススス」のように，1文字ずつの発音リピートを行う。提示はカードや PowerPoint のスライドで行う。スピード調節しやすいのは教師のモデルによるリピートだ。最近は，YouTube やビデオ教材も豊富で，リズムや歌になっており生徒には親しみやすい。発音に慣れてきたらオーディオ素材を使うのも効果的な発音練習になる。
■トレーニング2　カード（スライド）による高速エクセサイズ
　初めはアルファベット順に行う。慣れてきたらアトランダムに出し，順番通りでなくても次々に発音できるようにする。考えて発音するのでは単語に

なったときに読めるようにならないので，瞬時に音が再生できるようになるまでしつこく行う。

■トレーニング3　ペアで発音エクセサイズ

　ジャンケンまたは簡単な話し合いで順番の先後を決める。先に言う方が「ア」，後に言う方が「ブ」とアルファベット順に交互に言う。「ズ」を言い終わったら，High Five をし，手を挙げ "We've done!" と言って着席する。まだやっているペアがいるときは，着席後も同じ活動を繰り返す。

■トレーニング4　スライドショーを使ったエクセサイズ

　PowerPoint か Keynote のスライドショー機能で発音練習をする。初めは順番通りにし後にアトランダムにする。スライドショーはスピード調整ができるので，徐々に時間を短くし素早く正しい発音を目指す。

❷フォニクスビンゴで楽しみながらいつの間にか音を覚える

　5×5マスのシートを準備し，生徒はマスの中にアルファベットを書く。教師は音でアルファベットを読み上げる。生徒は読まれたものに印をつける。縦・横・斜めのどこかが揃えばビンゴとなる。

❸フォニクスかるたで文字と音をつなぐ

　小文字のカードをグループ分準備する。生徒はグループごとに座りカードを並べる。生徒は手を頭の後ろで組み，教師が口頭で発音する音のカードを素早く取る。最後まで終わったら取ったカードを発音しながら戻す。

TIPS

　アルファベットの名前読みと音読みは一緒に指導しない。音のみを指導することで文字と音のつながりをつくり，自力で読めるようにする。

1 音声のつまずき

●生徒の様子

　日本語の音声体系が影響して英語特有の音を発音することができない生徒がいる。そのようなつまずきを抱える生徒は，英語の音を認識することができないので発音することに難しさを感じる。

●指導アイデア

❶音を正しく出せるように発音練習をする

　音が聞き取れないのは，Scene 1 で述べたことと通じるが，自分自身が正しい音声化ができていないからだ。したがって，正しく音声化ができるようにトレーニングを行っていくことが必要だ。英語は「息」を出すことで音声を作る言語だ。日本語で話すときのような感覚では音声化が難しい。

■ Facial Exercise と Vocal Exercise で発声を鍛える

　正しく英語の音声を出すには，息の使い方をマスターし，顔や口の筋肉を適切に動かす必要がある。英語は息を吐き出し続ける言語である。また，日本語が母音中心に発音される言語であるのに対し，英語は子音中心の言語である。よって日本語と同じ発声では英語の正しい音は出せない。

■ トレーニング 1　Facial Exercise

　①首を左右にゆっくり倒す（3回）　　②首を回す（左右両方3回）
　③両肩を持ち上げストンと落とす　　④肩を前後に回す
　⑤口を閉じたまま頬を膨らませ少しずつ空気を抜く（2回）
　⑥口を大きく開いたり閉じたりする（3回）
　⑦顔の右半分にすべてのパーツを寄せる（次に左→上→下→中央）

■トレーニング２　Vocal Exercise

①手を腹と背中にあて息を全部吐き切る（腹をぺちゃんこにする）→手を腹と背中にあて息を吸い込む（腹を膨らます）（３セット）

②肩甲骨を意識して肩を前回し３回→後ろ回し３回

③両耳の後ろを両手でマッサージしながら発声する（息が続く限り伸ばす）

　　アー　→　イー　→　ウー　→　エー　→　オー

④鎖骨のところをマッサージしながら発声する（息が続く限り伸ばす）

　　アー　→　イー　→　ウー　→　エー　→　オー

⑤二重母音の練習（普通→息が続く限りゆ～っくり伸ばす→超高速）

　　アイ　→　エイ　→　イイ　→　アウ　→　オイ　→　ユウ　→　イア　→　エア　→　オア　→　アア

⑥⑤の二重母音に子音をつける　その１　　th → cr → dr → st

⑦子音をつける　その２　　p／b／f／v／s／z／t／d／r／l

❷「音声変化」を意識したトレーニングを行う

　英語は英文の単語一音一音がはっきりと発音される訳ではない。複数の語が連続し発音されると，隣り合う語同士が影響し合い音が変化するからだ。

連結：前の語末の子音とそれに続く語頭の母音が連結する（I have a pen.）

同化：音の一方が他の音に影響を与え同音や混じった音になる（I found you.）

脱落：似た音が並んだとき一方が他の音を吸収し片方が脱落する（Good bye.）

　　　　語末の破裂音や，/t/,/k/,/d/ が，子音と子音の間にくる場合など

弱化：冠詞・代名詞・助動詞・前置詞などの機能語が弱く発音される

Dark L：[l] が語末か子音前にくると，暗く鈍い音になる

ラ行化：/t/ や /d/ が「ラ行」のような音になる（Saturday, little, water）

> **TIPS**
>
> 　正しい発声で，音声変化を意識した練習で英語らしい発音をマスターさせる。

> ### Scene 3　音の聞き分けをすることができない

●生徒の様子

　日本語の音声体系が音の聞き分けに影響してしまう場合が多い。特に，/l/, /r/, /f/, /v/, /θ/, /ð/, /s/ などの子音を聞き分けることができないのと母音でも同様の傾向がある。英語特有の音を英語らしく発音することができておらず，英語の音を認識することができないので，聞き分けに難しさを感じる。

●指導アイデア

❶似た音を出す子音を比較してトレーニングする

　まず，英語の音声を日本語の似た音に置き換えて発音しないようにする指導が必要だ。自らがその音声を発音できるようにならなければ，聞き取ることはできない。聞き分けが難しい子音の中で，/l/ と /r/，/f/ と /v/ は日本語にない音なので特に注意が必要だ。

　日本語の「ラ行」は /l/ と /r/ の中間で出すため舌の位置がポイントだ。

/l/: 母音の前と語頭では，舌の前部分を上の前歯と歯茎の境目に押しつけ，息を出しながら舌先を下に弾くようにする。子音の前や語末では，舌先を上の前歯と歯茎の境目に伸ばし「ウ」と「オ」の間の音を出す。

/r/: 舌を奥に引っ込めスプーンのような形をつくり，舌先を上顎に近づけるように喉の奥から音を出す。最初にタコ口のように口をすぼめて軽く「ウ」の音を出し，口を開けすぎない。声帯は震える。

/f/: 下唇の乾いた部分と湿った部分の境目辺りに上の前歯を軽く当て，歯と唇の隙間から息を勢いよく出しながらすべらせる。声帯は震えない。

/v/: /f/ を出す要領で声帯を震わせて，歯と唇の間から声を出すように音を出す。歯と唇が振動して音が出る。声帯は震える。

/θ/: 上の歯と下の歯の間から舌先をしっかり出し，その隙間から勢いよく息を出し歯と舌を摩擦させる。

/ð/: 上の歯と下の歯の間から舌先をしっかり出し，その隙間から低めに響かせるように声を出す。

　筆者は国立シンガポール大学で発音の指導を受けたときに，/θ/ と /ð/ の発音は自分が思っている以上に舌を出さないと音が出ないと指導を受けた。

❷ミニマルペアでトレーニングをする

　ミニマルペアとは，1つだけ音素が違う2つの単語の組み合わせだ。ミニマルペアを活用することのメリットは2つある。1つ目は，比較しながら発音することで，舌の位置や歯・唇の使い方，そして息の出し方がわかりやすくなり，似ている単語を区別して発音できるようになる。2つ目は，発音が似ている単語が聞き分けられるようになる。以下に例を挙げる。

■子音のミニマルペア

- light – right / play – pray / peel – peer
- book – cook / boat – vote / curb – curve
- seat – sheet / sip – ship / seep – sheep
- sick – thick / sing – thing / face – faith

■母音のミニマルペア

- coat – caught / cold – called / low – law
- word – ward / work – walk / perk – park
- bag – bug / hat – hut / sang – sung

> **TIPS**
>
> 　舌の位置，唇の使い方と息の出し方を最初に押さえる。大げさに感じるくらいで発声させる。

1 音声のつまずき

Scene 4　発音の真似をすることができない

●生徒の様子

　語学学習では「真似る」ことは「学ぶ（真似ぶ）」ことである。母語習得も最初は「真似る」ことでできあがる。しかし，英語学習者の中には，発音を聞こえてきたままで真似することができない生徒もいる。舌や唇，息の使い方がうまくコントロールできておらず，真似しているつもりが音声化できていなかったり，そもそも聞こえてきた発音が未知の語であるために音をキャッチできず発音できなかったりする。

●指導アイデア

❶自分の発音を確認する

　モデルの英文と比較して，「発音できていないのはどこか」「どの音を練習する必要があるか」を把握させる。自分の現在地を知ることで目的を持たせることができる。また，トレーニング前後で聞き比べ，成長を感じさせることができると次への意欲へつなげることができる。

　発音した音声の録音は，スマートフォンやタブレットのボイスレコーダーで簡単に行うことができる。また，ボイスメモをはじめとした録音アプリもあるので，効果的に活用するとよい。

　録音すると，口から音を出すことに意識がいく。そのため，本来，モデル音声を真似をするときに行う，聞いて自分の発音を調整するプロセスが飛ばされてしまうことに気をつけなくてはいけない。

❷真似をするトレーニングをする

　発音の真似をすることができない人は「耳」から得た情報を「口」から出すことができない。したがって，「耳」と「口」を同時に使うトレーニングを仕組んでいきたい。

■1　音を聞いて発音

　音素レベルから単語，そしてフレーズ，英文と，ステップを踏み，音をコピーできるようにする。大切なのは，聞こえてきたまま口に出すようにすることだ。この段階で直接発音を聞いたり，タブレットに録音させたりして，個人指導を行い，正しく真似できているかを徹底的に検証する。

■2　オーバーラッピング

　オーバーラッピングは，スクリプトを確認しながら流れる英語音声と同時に発音していくトレーニングだ。聞きながら文字を確認して発音でき，英語独特のリズム・イントネーションも真似することができる。

■3　シャドーイング

　シャドーイングは，スクリプトを使わずに英語音声に少し遅れながら発音していくトレーニングだ。

　オーバーラッピングもシャドーイングも読んだらわかるレベルのものを英文として選ぶことが大切だ。音素や単語の発音がままならないのに，いきなりオーバーラッピングやシャドーイングなどのトレーニングを行わないように注意したい。

　発音の真似をするには，Scene 1 ～ 3 で押さえたトレーニングも必要なので，生徒の実態に合わせてやることを選んでいくとよい。

TIPS

　一人ひとりの発音の課題を明らかにして個人指導を行う。録音して自分の音声をモニターする過程を取り入れる。

1 音声のつまずき

Scene 5　単語のアクセントの位置がつかめない

●生徒の様子

　日本語を発音するようにフラットに発音したり，不必要なところに母音を入れたりして正しいアクセントで発音することができていない。アクセントの位置が違うと英語を理解してもらえないばかりか，知っている単語も聞き取れない状態になっている。

●指導アイデア

❶単語のアクセントを意識し発音練習させる

　まず，アクセントは母音（発音するときに母音になる音）に置かれることと，音節は母音の数で決まることを押さえる。教科書の新出単語には大抵アクセント記号が示されている。その部分を強く発音すると指導する先生が多いが，生徒にはわかりづらい。アクセント部分は強く読むだけでなく，音程を高く長く読むよう指導する。記号がある位置を高く長めに，他を低く短く発音する。練習の際に，アクセント記号をそのまま残したり，高低がわかるように線や大小の丸印を入れたり，太字にすることが視覚支援となる。

beautiful　　　beautiful　　　beautiful

　また，英語由来の外来語は要注意だ。混乱を招きやすい単語だ。

□ advíce（日アドバイス）　　　□ idéa（日アイデア）

❷アクセントのルールを押さえ，発音を自己モニターさせる

　中学校で出てくる単語であれば，出現するたびにアクセントの位置を確認

することでインプットできる生徒が多い。しかし，強勢の位置で迷子になる生徒には，フォニクスを含めた発音の法則が支援になる。単語のアクセントの位置にはルールがある。例外もあるが，それらを知っておくと発音するときの手助けになる。以下に主なものを挙げておく。

■発音アクセント位置のルール

①同じスペリングで２音節の場合，名詞・形容詞は前アクセント，動詞は後ろアクセントになる（２音節の単語全般に共通する）

□ desert ［dézərt］【名】砂漠　［dizə́:rt］【動】捨てる

②- ate で終わる３音節以上の単語は，２つ前の音節にアクセントがある

□ cón-cen-trate 　　□ dél-i-cate

③-cian, -tion, -sion, -cious, -tious, -cial の語尾で終わる語は，直前の音節にアクセントがある

□ mu-sí-cian 　　□ sug-gés-tion 　　□ de-cí-sion 　　□ de-lí-cious

④-ic, -ics, -ical の語尾で終わる語は直前の音節にアクセントがある

□ ter-ríf-ic 　　□ math-e-mát-ics 　　□ po-lít-i-cal

⑤-ity, -ety の語尾で終わる語は直前の音節にアクセントがある

□ u-ni-vér-si-ty 　　□ so-cí-e-ty

⑥ee, oo を含む語は，ee, oo にアクセントがある

□ ca-réer 　　□ bal-lóon

⑦３音節以上の単語は，後ろから３音節目にアクセントがあるものが多い

□ chár-ac-ter 　　□ ín-ter-est 　　□ sig-níf-i-cant

ルールがわかったら，発音をタブレットや IC レコーダーに録音し，モデル音と同じ音が出せているか確認させるとよい。

TIPS

考えなくても自然に発音できるように，スモールステップでしつこく繰り返し練習させる。

1 音声のつまずき

●生徒の様子

　母語である日本語のように一音一音発音するために，強弱・高低・長短などの英語特有のリズムがつかめず，リズムよく発音することができない。

●指導アイデア

❶日英の違いを意識させた発音練習を仕組む

　日本語は高さアクセントであり，英語は強さアクセントである。さらに，日本語は1つの音が等間隔で発音される音節拍のリズム（Syllable-timed rhythm）であるのに対し，英語は強い強勢が等間隔に繰り返される強勢拍のリズム（Stress-timed rhythm）である。

　また，英語は等時化により強勢が等間隔で現れる。こうした違いによって，母語である日本語の影響を受けている。生徒は発音がしづらくなり，テンポよく読めなくなってしまうことがある。よって，以下のような印を入れて，○は短く弱く，□は長く強く出すこと，⌒はなめらかに等間隔で発音することを意識させる視覚的な支援が有効だ。さらに，リズムボックスを使ったり机を叩いたりする練習は，英語らしいリズムをつくるのに効果がある。リズムにはスピードも必要だ。少しずつスピードを速めていくことにもトライさせたい。

　リズムとり練習に慣れてきたら，さらに歩きながら練習することをお勧めする。実は，リズムよく発音ができない生徒は，発音しながらだとテンポよく歩くことができない傾向がある。全体練習をしていても，そういう生徒を見つけたら個別支援をする機会とすることも可能だ。

I don't read much./ I think I should./ Is that a good book?

○ □ ＿□ ＿□　○ □ ○ □　○ □○ ○ 　□

A girl is helping her mother to clean up the park.

○ □ ○ ○ ○ ○　□ ○○ □　○ ○ 　□

❷英語のプロソディーを理解した上で，音読のときに練習させる

　プロソディーとは，音の強弱，高低，長短の３要素を変化させて起こる音声の変化のことであり，リズムとイントネーションのことだ。イントネーションは音の高低の違いのルールだ。伝えたい内容，細かなニュアンスや感情を豊かに表現できる。例えば，"Excuse me." は語尾が上げ調子だと「もう一度言ってもらえますか？」という聞き返しや「なんですって？」という反論の意になる。一方，下げ調子や，ややフラットだと「失礼します」という声かけや謝罪を表す。したがって，場面ごとに上げ調子か下げ調子かをインプットする必要がある。

　また，視覚支援として，↗や↘マークをつけた英文を渡したり，慣れてきたら自分でつけたりすることも有効だ。慣れてきたら，マークなしにしていくが，教科書本文の音読をする際には，手で↗や↘のジェスチャーをしながら，スムーズなイントネーションになるようにしていく。

　それでもできない生徒の多くは，単語のどこから上げるか・下げるかがわからず，自分の出しやすいところで抑揚をつけてしまう傾向がある。その場合は，教師が様々なイントネーションで読み，どのイントネーションが適切かを考えさせたり，個別指導でつまずきをフォローしたりしていく。

> **TIPS**
>
> 　メリハリをつけてリズムよく強弱・高低・長短などを練習させる。家庭で練習できるよう，視覚教材で支援する。

1 音声のつまずき

Scene 7　母音の発音をすることができない

●生徒の様子

　日本語の母音は「ア・イ・ウ・エ・オ」の5つだけで1文字1音だが，英語の母音の数には諸説あり，細かく分類すると26あるとも言われる。それぞれに音の出し方が違うことと日本語にはない音をつくらないといけないことでうまく発音することができない。

●指導アイデア

❶英語特有の母音の出し方を日本語と比較してトレーニングする

　いずれの音も唇，舌，息の出し方（喉の奥から音を出す）が大切だ。具体的に以下の音を一音ずつ取り上げて音を出させた後に，単語の中で音の確認をする。

■「ア」に近い音 → /ʌ//æ//ɑ/

/ʌ/：日本語より喉の奥で発音する。「ア」を出すより喉寄りの奥で出す。

/æ/：「ア」と「エ」の中間音。「ア」の口で「エ」と発声する。「アー」→「エー」と音を伸ばし，いい音が出たところで止めてピンポイントでその音が出せるようにする。

/ɑ/：「ア」とも「オ」とも聞こえる。「ア」の口で「オ」を出すイメージ。

■「イ」に近い音 → /iː//ɪ/

/iː/：「イー」の音を出すように唇を横に大きく開く。口の奥側で音を作る。

/ɪ/：「イ」と「エ」の中間音。普通に「イー」と発音するより舌の位置を低めで口の内側に寄せて発音する。舌に何か乗せているイメージ。

■「ウ」に近い音 → /uː//ʊ/

/uː/: 日本語の「ウー」を出すように発音する。唇をすぼめて出す。

/ʊ/:「オ」に近い形で口を開いたまま口をすぼめずに喉の奥から発音する。

■「エ」に近い /e/ と「オ」に近い /ɔː/

　ほぼ日本語と同じように発音できる。

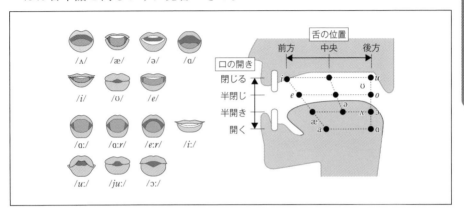

（https://chiik.jp/z6swv/ を参考に作成）

❷練習の中で，個別支援をする

　教室の中の一斉指導では，カードやスライドショーなどのグループ練習をする中で，生徒はなんとなく発音できている気になるものだ。日本語にはない音が含まれるだけに，正確に音声化できるようになるには，直に一人ひとりの発音を聞く機会をつくり個別支援をする必要がある。

　直に音声を聞くことはもちろんであるが，タブレットで録音し，Google Classroom に音声ファイルを提出させたり，Google ドライブにアップロードさせたりすることで，教師が生徒の発音を聞き，フィードバックすることができる。

> **TIPS**
>
> 口腔図とモデル音を活用しながら練習する中で，個別支援をする。

Scene 8 　子音の発音をすることができない

●生徒の様子

　日本語では，子音は母音とセットで音を出すが，英語は母音と子音が独立して別々の音として存在している。したがって，生徒は，英語にあって日本語にはない子音や，似た音は日本語にあるが，音の特徴が異なる子音の発音を難しく感じる。

●指導アイデア

❶発音が難しい子音を取り出して一音ずつトレーニングする

　生徒が発音を難しく感じる子音の発音は /θ/, /ð/, /r/, /l/ だ。ここでは，例として /θ/ を取り上げる。図を示したり，手鏡を見せながら発音練習を行わせる。タブレットがあれば，口元を録画させて自分で確認させることもできる。

■音を出す手順

　①舌先をしっかりと出し，上の歯と舌の歯で舌を軽くはさむ

　②①の状態のまま，歯の隙間からも息が出るくらい，喉の奥から息を勢い
　　よく出す

■うまく出すポイント

　①舌を噛むのではなくはさむ

　②口の前に手を当てて息が出ているかの確認をする

　③日本語の音に引きずられて「ウ」の音を出さない

　日本語の発音にはない摩擦音になる。息を出したときに，舌がくすぐったくなるくらいに感じると，発音できていると思ってよい。

❷単語で練習する

　語頭・語中・語末と /θ/ の音がくる位置によって口の動かし方を練習する。

　・語頭：thank / three / think / third

＊舌を素早く引くのがポイントで，スムーズに次の音へ舌を動かす。

　・語中：bathroom / everything / healthy

＊上の歯の裏に舌の先を当てながら発音する。

　・語尾：month / eighth / birth / health

＊舌を出しながら素速く上の歯と下の歯の間にはさむ。

　スムーズに音が出せるように，たっぷりと個人練習の時間をとり，ペアやグループで正しく音が出せているか確認をさせる。

　また，似た音の単語で比較をさせてもよい。例えば，bath の発音で生徒が置き換えてしまいがちな単語で bus がある。

❸英文で練習する

　/θ/ の音が含まれる英文で練習させる。最初から自然なリズムで読めないときには，ゆっくりと一音ずつ舌の使い方や歯の位置，息の出し方などを確認しながら音を出させていく。英語の早口言葉もいい練習になる。

　☐ Thirsty throats find things to drink.

　☐ On Thursdays, I find thrills in finding things.

　☐ Three thin panthers in the bathroom.

TIPS

　「正しい舌の位置」「歯の使い方」「息の出し方」がよい発音にできるかの攻略の鍵だ。練習の中で徹底して確認する。

1 音声のつまずき

Scene 9　単語を読むことができない

●生徒の様子

　音韻の指導後，文字と音の関係を理解し，一文字ずつだと発音でき，聞けばわかるようになる生徒は多い。つまり，フォニクスで音から文字への強化は図れている状態である。しかし，単語になるとうまく音声化できず発音することができない生徒は文字から音の強化が図れていない場合が多い。

●指導アイデア

❶プロセスを踏んだ音声指導で音声ルールを体系化する

　文字と音のルールを学ぶフォニクスは体系立て段階を追って行うと効果がある。学習初期には，ボトムアップ・アプローチで音声言語を伸ばしながら文字と音のルールを学び，ある程度単語が読めるようになった後で，トップダウン・アプローチで内容理解を促す活動に移行するのがよい（アレン玉井, 2019）。そこで，「音韻への気づき→文字への気づき→スペリングの記憶」という段階を踏んだ単語の発音指導を行う。音通りに読まなかったり，不規則な音声変化をしたりする場合のルールや単語を押さえておくことが単語の読みに不安を抱える生徒の力強いサポートになる。

　特徴的な音声に特化したリスニング（２単語を比較し母音や頭子音の違うものを見つける）や単語のディクテーション，オンセットライムで音を分割しながら発音練習，単語の意味とのマッチングが効果的なトレーニングだ。

　①２文字単語（母音＋子音）　at / an / in など
　②３文字単語（子音＋母音＋子音）　sat / cat / fan / ran / fin など
　③連続子音（ブレンド）　２つ，または３つの子音が連続したときに，そ

れぞれが元の音を残しながら混ざり合った音になる。子音と子音の間に母音をはさまないのが英語らしくするポイントだ。

sm / sn / sp / cl / gl / br / fr / cr / gr / thr / spr / str など

④連続子音（ダイグラフ）　2つの子音が連続すると新しい音になる。

ck / sh / ch / ck / tch / th / wh / ph / ng など

⑤2文字母音（ダイグラフ）　母音が2つ並ぶと違う音になる。

(1)最初の母音をアルファベットの名前読みし，2番目の母音を読まない。

rain / May / pie / sea / blue / cue / toe / tree など

(2)2つの母音で新しい音を作る。

book / tool / autumn / mouth / town / coin / boy / jaw など

⑥マジックe　直前の母音をアルファベット読みに変化させeは無音。

hat - hate / pet - Pete / win - wine / hop - hope / cut - cute

❷多感覚アプローチで生徒の学びをサポートする

　TPR に代表される多感覚アプローチをトレーニングの中に取り入れる。視覚・聴覚・運動感覚・触覚のフル活用が，文字と音の関連づけの足場がけとなる。筆者が授業で取り入れているものには以下のものがある。

・視覚：イラスト・写真・動画・フラッシュカード・色・グラフ・図表
・聴覚：チャンツ・リズムボックス・BGM・カスタネット
・運動感覚：ジェスチャー・手拍子・歩きでリズムとり・ストレッチ
・触覚：カード・粘土・ひも

TIPS

　複数の感覚を刺激する活動を系統立てて取り入れる。自分に合った感覚で学べるものに出合わせると，楽しく自信を持ち学べるようになる。

参考：Examples of Consonant Blends + Word List（https://examples.yourdictionary.com/examples-of-consonant-blends.html）
　　　YourDictionang（https://examples.yourdictionary.com）

1 音声のつまずき

Scene 10　英文を音読することができない

●生徒の様子

　英文を音読できない生徒は次の３つの問題を抱えている場合が多い。

①文字と音を結びつけることができず音声化できない

②英語らしい発音で読むことができない

③チャンク（まとまりごとの区切り）がわからない

　①については Scene 9 の単語の読み方についての対策と共通する部分があるため，ここでは②と③について考えていく。

●指導アイデア

❶「発音のルール」を意識させる

　前述したように，英語らしい発音で読めるには，「発音のルール」，特に，「音声変化・アクセント・イントネーション」を知り，正確に発音できるスキルを身につけていることが必要だ。日本語はアクセントがほぼなく，言葉を平坦に読むことが多いのに対して，英語にはどの単語にも明確なアクセントがある。その違いを意識させるだけでかなり読めるようになる。

　音読シートに以下のように太字や記号を入れたり，内容を考えさせながらどこが強くなるかを教科書に書き込ませたりすることが音読支援になる。

□ A girl is helping her mother to clean up the park.

❷チャンクをつかめるように，「かたまり」でとらえさせる

　チャンクは意味のかたまりだ。チャンクがわからない原因として「音・文字・意味」が一致していないことがある。英語は基本的に１音素に対し１文

字が対応しているのに対し，日本語はモーラ言語であるため，仮名の各文字が音節を表す。こうした日本語と英語の違いから「かたまり」が捉えにくい生徒がいる。そこで有効なのは，日英ともにスラッシュを入れたり，英文を意味のかたまりごとに表記するなどの視覚支援だ。

□ Miyuki / cooked / a big breakfast / this morning.

　ミユキは・作った・たっぷりの朝食を・今朝

　よく使う表現や決まり文句をセットフレーズにしたり，コロケーションを意識したインプットを行ったりするとよい。例えば，セットフレーズでは，"Just kidding.""I have no idea."など教科書でも出てくる表現を適切な場面で使えるようにインプットする。

　後者では，"eat breakfast""cook breakfast""skip breakfast""miss breakfast"などの動詞や"full breakfast""light breakfast""heavy breakfast"などのよく一緒に使われる形容詞とのセットをキーになる語が出たときに練習していく。

　また，単語と意味の「かたまり」が上手にとらえられないことでスラスラ読めない子や，文字を追うときに他の情報が視界に入って単語を捉えるのが苦手な子もいる。変なところで区切ったり一単語ずつ読んだりするため，横に文字が流れる英文の読みに困る場合は，スラッシュや，品詞ごとに色をつけるマーキングも効果的だ。

　さらに，前後の英文が邪魔する場合には，読みたい英文の下に定規や小さめのペーパーを当てるとよい。余計な情報が視界に入ってこないので，読みたい箇所に集中することができる。

TIPS

　「発音のルール」と「意味のかたまり」を押さえた上で，生徒の苦手なポイントをつかみ，視覚支援を活用したサポートを行う。

2 文法のつまずき

● 生徒の様子

　英語が苦手な生徒は，英文を読むときに主部（以下 S）と動詞（句）（以下 V）が見つからず，まず自分が知っている単語を見つけて，そこから意味を類推する傾向がある。

● 指導アイデア

　英文を読む際には常に SV を見つける練習をする必要がある。

❶ リーディングで S や V を見つける練習をする

　生徒が単文レベルの基本的な英文の意味でつまずかないよう英文の意味を日本語でとる際には「**誰が・何が**」といって S の意味を探す練習を行う。SV を見つけるのが難しい場合は ❷ の練習を行う。これを繰り返し指導する。

❷ V とは何かを確認し，その前にくるのが S であることの理解を図る

　❶ を常に行うことは大切であるが，S がどれだかわからない生徒も多い。S を見つけるためには V を見つけ，その前のかたまりが S であることを見つける練習をするとよい。以下の文で考えてみよう。

　One of my Canadian friends asked me the question.

　この文の S は One of my Canadian friends というかたまりであり V は asked である。S である One of my Canadian friends を見つけるためには，asked という動詞を見つけることで，その前の One of my Canadian friends が S であるとするのも一つの手であろう。

なお，V の定義は「（＜助動詞や be 動詞＞＋）動詞」と考える必要がある。例えば，以下の文だとまず is playing, can speak を探すよう指導する。

The boy on the school ground $\boxed{\text{is playing}}$ baseball now.

A lot of students in this class $\boxed{\text{can speak}}$ English very well.

生徒が SV を発見するのが難しい場合は，教科書等の本文の中に SV を示す記号をつけてプリントや PDF にして配付することから始め，慣れてきたら自分で SV を発見させる。なお，核となる動詞の指導は以下のように行うとよい。

　T：教科書で学習した単語を並べます。この単語の品詞はなんでしょう？（study, live, walk, run, sit, stand などの動詞を記述）

SA：動詞。

　T：そう動詞だね。ではどんな特徴がある？　SB：動きを表す！

　T：そうだね，動作を表すね。他に何か気づくことはありますか？日本語にしたときに何か特徴はないですか？

SC：語尾を伸ばすとウー。

　T：そうだね。最後がウ段だね。「勉強するー」「生きるー」「歩くー」と伸ばすとウ段になるね。これで動詞がわかったと思うので，次の文章の中で動詞を抜き出し，□で囲ってみよう。その前にあるのが S なので下線を引いてみよう。

TIPS

　英文は学年が上がるにつれて難易度が上がり，修飾語や後置修飾があり複雑になるが，一番の基本は英文の S と V を見つけることである。ここでつまずく生徒は多い。SV の感覚を磨くようしっかり指導したい。

2 文法のつまずき

Scene 12　ことばのまとまりがわからない

●生徒の様子

名詞句の把握ができない。

●指導アイデア

Scene11でSとVを見つけることの重要性について述べたが，自分で名詞句を見つけられるようにするにはさらに工夫が必要である。金谷（2015）は名詞句の把握の重要性ついて述べ，その中でも後置修飾を含む名詞句の大切さについて言及し，中学校の3年間でどのような形で名詞句力が向上するかを検証している。

❶リスニングや音声ペースメーカー黙読の中で身につける

リスニングでも音声に合わせた黙読でもポーズを置きチャンクを意識する。Suzuki（1991）は句や節単位に1〜2秒のポーズを入れた音声を聞かせると，元の教材を聞かせるより聴解力向上に効果があること，また，教材に句や節単位にポーズを入れて高校生を対象にリスニング指導をした際，句や節単位にポーズが挿入された音声ペースメーカーでスラッシュ入り英文を黙読したグループと，ポーズを置かない音声を聞き，自然な音声に合わせて本文を黙読するグループに分け，長期に渡り実践し，前者の方が聴解力と理解を伴ったリーディングスピード（1分間に読める語数に理解度をかけたもの）を向上させたとし，理由として，句や節単位で7±2音節でポーズを置くことで生徒が全体的に音声処理ができることを挙げている。いずれも聞かせるだけではなく内容に関するQを与えてその答えを探しながら聞かせる

とよい。ただ聞いているだけだとスローラーナーは集中力が続かないが，活動を続けることで名詞句に意識が向くようになる。

❷スラッシュに分けた英文をチャンクを基盤に音読する

　安木（2001）はチャンクを意識した音読を「フレーズ音読」と名づけ，高校生を対象に検証し，英語力特に読解力向上に効果があることを実証している。ここではバックワードチャンク読みを紹介する。例えば "This is the book / I talked about / when I was a teacher." という文をスクリーンに投影し，教師が "when I was a teacher" と繰り返し，生徒が反復する（数回）。次に教師が "I talked about / when I was a teacher." と言い，生徒が "I talked about / when I was a teacher." と繰り返す（数回）。次に教師が "This is the book / I talked about / when I was a teacher." と言い，生徒が繰り返す。最後にスクリーンの文字を消し，教師が日本語を言い，生徒は何も見ないで英語を言う。❶に加えて❷を実施するとよい。

❸名詞句を見つけるための意識的練習を行う

　例えば次の３つの文についてプリントを埋める。

(1) My Canadian teacher is talking happily on the ground.

(2) Do you know the name of his school?

(3) Which red pencil was on the table?

名詞を説明	名詞	意味
(1) My Canadian 　　 the（以下自分で解く）	teacher ground	私のカナダ人の先生 グラウンド

TIPS

　❶と❷はチャンクをベースにした音声中心の練習の中でチャンクを無意識的に意識させることを目的とし，❸は意識的に名詞句を見つける訓練を行う。❶と❷を基本にしながら時折❸を行うとよい。

2 文法のつまずき

●生徒の様子

　新出文法項目を含む例文を暗唱できなかったり，暗唱しても応用が利かなかったりする。

●指導アイデア

❶音読を多様な形で行い音読筆写も行う

　例文の暗唱にはなんといっても音読が有効である。次の手順は一例である。

　①（全体）教師が例文の日本語の意味，英語の順で発声し生徒は繰り返す。②（全体）教師が例文の日本語の意味を言った後，生徒が該当する例文を英語で言い，教師が再度英語を発声し生徒が繰り返す［リード・アラウド・リッスン・アンド・リピート］。③（全体）教師の英語音声に合わせてほぼ同時に音読する［オーバーラッピング］（×２）。④（個人）生徒が制限時間内に音読する［バズ・リーディング］。⑤（ペア）テキストを背中に持ちペアの相手に語るつもりで順番に音読する［ペア型リード・アンド・ルック・アップ］。⑥（全体）テキストを見ないで音声に合わせて同時に音読する［シャドーイング］。⑦（自宅学習で）英文を読み上げながら写す音読筆写を決められた回数行う。⑧授業で音読筆写を教師に提出する。

　各音読はスローラーナーに配慮がなされている。①の場合日本語を最初に言うことで，本文の意味を再度確認することが空読みを防ぐ。②の場合生徒が最初に英語を言うことでオウム返しに音読することを避け，教師のモデル音声を聞いて自分の音声を訂正しての音読が可能になる。③の場合教師が音

読する際にポーズを置きスローラーナーが追いつくのを待つことができる。④の場合基準を読む回数にせず時間にすることで，読む速度が遅い生徒だけが長い時間読み続けることになるのを防ぐことができる。⑤はセンテンス単位のリード・アンド・ルックアップだとできない生徒も出てくるが，この方法だとセンテンスでできない生徒は途中で教科書を見ることができる。

❷ローテーション・ペアワークを行う

　安木（2010，p.21）で紹介している方法である。例文の暗唱にはこの方法を使用するとよい。❶の⑤のようなペアでの活動を様々な例文で行う。いくつかの文法事項の例文をまとめて復習し暗唱する場合に使用する。ペアを替えながら徐々に負荷を高める。例えば1回目の相手とは英文を読む，2回目の相手には空欄が2個空いているスライドまたはプリントを見て例文を相手に読む。3回目の相手には空欄が4個空いているスライドまたはプリントを見て例文を相手に読む。4回目の相手にはリード・アンド・ルック・アップで英文を読む，5回目の相手には日本語訳が書いてあるスライドまたはプリントを見て英文を読むなど負荷を高めていく。右図のように2列のうち1列を固定しB列とD列の生徒が移動する。

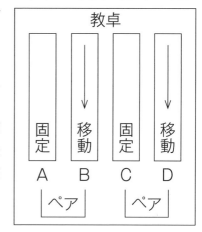

TIPS

　例文の暗唱は英語学習には必須であるが単調になりがちである。様々な工夫をして音読を行い，徐々に難易度を上げるなどしてスローラーナーに配慮する。さらに❷の方法など使用してまとめて復習することで定着を図りたい。

② 文法のつまずき

書いたり話したりするときに正しい語順で 文が作れない

●生徒の様子

正確な語順で英語を書いたり話したりすることができない。

●指導アイデア

❶英作文の中で語順を意識した練習を行う

　英語の語順を意識して英文を組み立てるためには，日本語を使って英語の語順で文を組み立てる練習を行う。その際文型で言えば，SV，SVO，SVCの動詞の後にチャンクがないか１つの形だけ使用する。SVOO や SVOC は動詞の後に２つのかたまりがありスローラーナーには難しい。語順は田地野（2011）に代表される語順表を使用し日本語を入れる練習を行う。スローラーナーに配慮して３つ目のボックスに形容詞の「どんなだ」を入れた。

誰・何（が・は）	する・ です	誰・何・どんなだ	ように	どこ	いつ

　以下のように，日本語を与え省略されているものを補い，英語の語順にしてから英語を書いてみる練習を行う。①から④の文は続いており文脈がある。作文の順序は，「1) 主語がない日本語は主語がある日本語に変換」「2) 日本語の『ね』をつけることで節に分解」「3) 複雑な文（第４文型や第５文型など）は１～３文型に変換」とする。

　①昨日学校でジョンに会いました。

→昨日私は学校でジョンに会いました。

→昨日ね / 私はね / 学校でね / ジョンにね / 会いました。

誰・何 （が・は）	する・です	誰・何 どんなだ	ように	どこ	いつ
私は	会いました	ジョン		学校で	昨日
I	met	John		at school	yesterday

②彼は私の友達です。→彼はね / 私の友達 / です。

誰・何 （が・は）	する・です	誰・何 どんなだ	ように	どこ	いつ
彼は	です	私の友達			
He	is	my friend			

③彼は A 高校の入試に合格した。→彼はね /A 高校のね / 入試にね / 合格した。

誰・何 （が・は）	する・です	誰・何 どんなだ	ように	どこ	いつ
彼は	合格した	入試に		A 高校の	
He	passed	the entrance examination		for A high school	

④その知らせを聞いて私は嬉しく思った。→私はその知らせを聞いた。私は嬉しかった。→私はね / その知らせをね / 聞いた。/ 私はね / 嬉しかった（→私はね / だった / 嬉しい）。＊The news made me happy. を使わない。

誰・何 （が・は）	する・です	誰・何 どんなだ	ように	どこ	いつ
私は	聞いた	その知らせ			
I	heard	the news			
私は	だった	嬉しい			
I	was	happy			

TIPS

　第 4 文型や第 5 文型の文の作文は中高生には難しい。語順を意識して日本語で第 2 文型や第 3 文型の文に書き換える練習を行うとよい。スローラーナーにはエッセイを書く際にも第 1 ～ 3 文型で書くように指導する。まず日本語で書いてもらうとよい。

Scene 15　英語の時制がわからない

●生徒の様子

英語の時制を理解するのが難しい。

●指導アイデア

一度時制をまとめて練習する。

❶時制をまとめて提示し口頭練習する

教科書では時制が徐々に導入されるが，一度まとめておくことでそれぞれの時制の持つ意味を明確に理解することができる。まず以下のような図を提示して時制の全体像を把握させ口頭練習を行う。

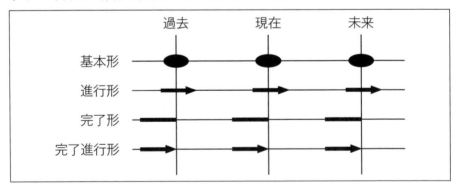

なお，すべての時制を学んだ時点ではこの形でよいが，例えば中1で基本形がすべて導入されたら，現在の基本形を指さしながら "You eat the banana." と教師は発話し，過去の基本形を指さしながら，"You ate the banana." と発話する。次に未来の基本形を指さしながら，"You will eat the banana." と発話する。さらに同様に指さしながら生徒にリピートさせた後，今度は指さすだけで生徒に発話させる。進行形，完了形，完了進行形など出てくるたびに同様の活動を行う。折にふれて復習しながら行う。

❷口頭練習した時制を書く練習を行う

口頭練習した時制はその都度下記のプリントを用いて書く練習を授業中に行う。

時制確認プリント

		肯定文	否定文	疑問文
基本形	現在	1 You eat the banana.	2	3
	過去	4	5	6
	未来	7	8	9
進行形 be＋～ing	現在	10	11	12
	過去	13	14	15
	未来	16	17	18
完了形 have＋過去分詞	現在	19	20	21
	過去	22	23	24
	未来	25	26	27
完了進行形 have been＋ ～ing	現在	28	29	30
	過去	31	32	33
	未来	34	35	36

> **TIPS**
>
> 時制の理解は生徒の英語学習において非常に重要である。それぞれの形が出てきた時点で口頭で練習し，表に書く活動を行うとよい。その際既習の形も復習しながら行う。文脈の中でどのように使用するか考えさせるには，各文にどのような副詞を加えたらよいかを考えさせるとよいであろう。

2 文法のつまずき

Scene 16　文法例文に興味を持てない

●生徒の様子

　教科書等の例文は生徒の生活体験と結びついておらず，自分を表現する際に使用するべき英単語が少ないため，暗唱しても自己表現に結びつかない。

●指導アイデア

　私は工業系の高専に勤務していた際に，文法項目ごとにテキストの例文の一部を変えて文を作るように指導し，次年度の授業で例文として紹介した。例えば，現在完了の導入でテキストの例文は "I have just visited London." であったが実際にロンドンに行った学生は皆無であった。一方，学生の作文例 "I have used a soldering iron". は半田ごてを使用してきた学生たちには身近な例文であった。

❶新しい文法項目を導入する際に例文に合う単語や表現を書かせる
　生徒の生活感覚に基づいて身近な例文を作成することが目標であるので，日本語で表現を集めることにしてもよい。
　例えば，不定詞の名詞的用法の例文を作成するために，次のような指示を出す。「①あなたが今したいことを述べてください。②あなたが今年中にしたいことを述べてください。③あなたが中学卒業までにしたいことを述べてください。④あなたが大人になってからしたいことを述べてください」。生徒からは，例えば①は「お菓子を食べたい」。②は「野球部でレギュラーになりたい」。③は「友達とディズニーランドに行きたい」。④は「YouTuberになりたい」などが出てくるかもしれない。これらの表現を①であれば "I

66

want to eat snacks.", ②であれば "I want to be a regular player on the baseball team." などと教師が英訳し模範例文とする。仮定法であれば「１億円あれば何をしますか？」などと尋ね，生徒から表現を集め，英語の例文として提示する。

❷作成した例文を使用して授業を行う

　教師は例文集を次の時間に提示し例文として示す。いくつか例文を選び音読を行ってもよい。❶の活動を年間通して行うと生徒の生活感覚に基づく表現を使用した例文が多数蓄積される。文法項目ごとにいくつか例文を選択し，「生徒が自分の言いたいことを英語で言うための例文集」とし暗唱用の例文集として次年度から使用するとよい。例文を集める作業は継続して行い，例文集をバージョン・アップしていくとよいであろう。

❸例文をさらに発展させる活動を行う

　例文を暗唱したら文脈の中でその例文を使用できるよう，その例文を使ったダイアログをペアで作成し，簡単なスキットを演じるなどの活動を行うとよい。なお，日常的にスキットを作成するのが難しい場合は，年間１回でよいので例文集を参考にして作成したダイアログでのスキットコンテストを行ってもよいであろう。私の場合は中２及び高２の担当をしたときにクラスでスキットコンテストを行うことが多かった。その際にはダイアログ集を作成してシェアするとよい。私は中高でスキット作成の実践を行ってきたが学力レベルに関わらず生徒の積極的参加が見られた。

> **TIPS**
>
> 　あまり自分の生活感覚に結びついていると言えない英文を暗唱しようという気にはならない。生徒の生活感覚にあった「これは覚えて使ってみたい」「自分の気持ちを表現してみたい」という英文を提示することで動機づけにつながる。

2 文法のつまずき

Scene 17　文脈の中で正しく英語が使えない

●生徒の様子

　文法を項目ごとに学習し練習しても，実際の場では正確に使えない。

●指導アイデア

　平成29年度告示学習指導要領には「コミュニケーションの目的を達成する上での必要性や有用性を実感させた上で，その知識を活用させたり，繰り返し使用すること」に言及しているが，実際に文法を習っても場面の中で使用できるようにはなかなかならない。その場合，表現をヒントとして与えて活動を行うことでスローラーナーに配慮する。

❶チャットを行う

　既習の文法事項を使用して授業のはじめの帯学習などでチャットを行い，学習した文法項目や表現を使用して行う。相手の質問に対して答える際には必ず2文以上使用するというルールを決めておく。例えば"What is〜？"という表現を学習した後で行うチャットとしては以下のような形式があり，カードにして配付する。まず（　　　）を埋めた形で例を示して全体で音読を行い，その後ペアでチャットを行う。

　　A：What's your favorite（　　　　）?
単語：food　食べ物　sport　スポーツ　subject　科目　music　音楽
　　B：It's（　　　　）. I like it because（　　　　）. How about you?

---

❷学習した文法事項を利用した文を使ってクラスの何人かと会話を行い，情報を集めることで言語活動を行う

　教師は次のようなカードを各生徒に配付し，意味を確認した後，教師のモデル音声で音読練習を行う。まず"What animals / do you like?"を様々な方法で音読練習し，次に"What colors / do you like?"を音読練習する。以下"subjects""countries""vegetables"を入れて練習していく。

　次の会話文を参考にしてクラスの人と好きな動物や色について尋ねあい，表を完成させなさい。

A：What animals / do you like?

B：I like dogs. / I don't like animals. What animals do you like?

A：I like dogs, too. / I like cats. / I don't like animals.

　その後生徒たちは教室の中を動き回り，例を参考にして他の生徒の好きなものを質問しあって，生徒名と各生徒の好きな動物や色を記入して表が完成できたら座る。

	生徒1	生徒2	生徒3	生徒4
animals				
colors				
subjects				
countries				
vegetables				

TIPS

　焦点となる文法項目を使いながら言語活動を行うことで文法習得することを目指す。❷の疑問詞の後に名詞がくる形は，中高生には習得が難しいので（安木，2016），例のようなチャンクを意識した活動を繰り返し行いたい。

2 文法のつまずき

●生徒の様子

　学年が上がり英語の文法が全くわからず，英文法を何から復習してよいのかわからない。

●指導アイデア

❶教科書の基本文を暗記する指導を行う

　安木（2008）では，中国地方の公立高校1年生320名を対象にした高校入学直後の5月の実力テストの中で，他のいくつかの設問に加えて，中学教科書の基本文の英作のテストを課し，その基本文テストの結果と5月の実力テストの総得点並びに，1年生の8月と10月と11月に実施した実力テストの総得点との相関を調べた。その結果5月のテストで出題されたその他の項目と比較して，中学範囲の基本文テストの結果は5月のテスト総得点のみならず，8月，10月，11月のそれぞれのテストの総得点との相関は非常に高い値を示した。このことは中学教科書の基本文を暗記することは，英語力の基底となる能力の一つであることがわかる。

　各教科書には基本文の一覧があるので，これを使用する。中2のときには中1の例文を，中3のときには中1と中2の例文を，中3の夏休みにはそれまで学習した例文を，高校生にはその地域で使用されている中学教科書の3年分を復習することを勧める。可能なら授業の中で取り扱い，様々な音読練習を行うとよい。その際文が長くなるにつれて特に後置修飾や文中のネクサス関係を含む文はつまずいている生徒が多いので，意味単位でスラッシュで分けてチャンクを意識した音読を行う必要がある。復習テストを行う際には，

学習者のレベルに応じて，全文を書かせる問題，並べ替え問題，穴埋め問題などから生徒に選択させてもよい。生徒の自主学習には音読とともに音読筆写がお勧めである。音読をしながら５回ずつ英文をプリントに写すなどの活動を行うよう指導するとよい。可能な限り，生徒にノートを提出させるなどして練習の度合いを確認する。授業の最初の帯活動で前の学年の基本文の音読練習をした後小テストを実施してもよい。このような場合のテスト形式としては先生が言った日本語を英語にする方法以外にディクテーションもよい。

❷ YouTube の文法説明の動画を見るよう指導する

　YouTube には各地の実践家の先生の文法の授業が多数収録されている。これらの中で担当の先生がお勧めのものを選んで推薦し，その範囲を自宅で見てくるように伝え，授業のはじめの５分程度を使い学習した内容を相手に伝える活動を行ってもよい。その後で教師が重要点の説明を再度行い，残りの時間を，その文法項目に関するドリルや言語活動に充てることができる。反転学習用の動画を担当の先生が作成することは時間も労力もいるが，オンライン上の動画を利用すれば楽に行うことができる。中学生への指導で使用できる動画の例として，自宅での動画視聴が難しい生徒には学校の中で動画視聴ができるようにするとよい。

TIPS

　教科書の基本文は中学校の文法を網羅しているので基礎力の定着には最適である。様々な形で定着を促すとよい。特に中３での中学英語の総復習や，高１での中学英語の確認の際に利用することをお勧めする。また YouTube などのオンライン上には様々な実践家による英語指導の動画が収録されている。「見て参考にしなさい」というだけではなく先生の指導と結びつけながら英語力の向上を図ることに利用するとよい。

2 文法のつまずき

Scene 19　文法導入の説明が伝わらない

●生徒の様子

　文法事項を説明しても伝わらず，説明を聞いていないことも多い。

●指導アイデア

❶オーラル・イントロダクションの中で気づきを促す

　丸暗記したものよりも自分で気づいて納得したもののほうが記憶に残りやすい。オーラル・イントロダクションでの文法導入の際には気づきを促す。新出文法事項を含む文を場面や状況を意識してたくさん聞かせる。例えば助動詞 can の導入をする場合には，まず A-sensei がテニスをしている写真を見せて，"A-sensei plays tennis every day." と言い，次に "A-sensei can play tennis very well." さらに "I can't play tennis very well." と言う。既習事項の現在形と比較しながら can を含む文をいくつか聞かせながら使い方に気づかせ，グループやペアで確認する。このような気づきを促進する導入に関しては明治図書から出ている瀧沢広人先生の『絶対成功する！英文法指導アイデアブック　中学１年〜３年』（全３冊）に詳しい。

❷DDL を用いて気づきを促す

　もう一つの気づきを促す方法は，文法事項に関する例文を書いた形で提示して規則に気づかせる方法である。このような方法は DDL（Data-Driven Learning/ データ駆動型学習）と呼ばれ，たくさんの英文データに触れて，自分の力で言語のルールに気づき，英文法を学ぶ（西垣他，2015）。例文を検索できるサイトとしては2023年現在「DDL で学ぶ探究型英文法の学習」

（https://h.ddl-study.org/）がある。例えば前述の can が導入されたときには，can を使った例文を提示し，意味や文の中のどこに使用されるのか，動詞の形などを気づかせる。提示方法はタブレット等各自の端末で見るのもよいが，生徒の実力を踏まえて教師が選択し紙で印刷して配付するか，データで送るとよい。下記の英文は表示された英文の一部である。中1ということで6語以下で検索した。

Anybody can become famous.　　誰でも有名になることができます。

Can you tell him why?　　　　彼に理由を話してくれますか？

We can relax because it's Sunday.

私たちはリラックスできます。　なぜなら今日は日曜日だからです。

---

❸ TPR による導入を行う

TPR（Total Physical Response）による文法導入も効果的である（鈴木・黒川，2018）。まず，教師の動作を見ながら英語を聞く。次に動作を真似て生徒も動く。現在進行形の導入の例を挙げる。教師は自分が歩く様子を見せながら "I am walking." と2回言う。その他動作をしながら進行形の文を声に出して言う。次に "Stand up." と言って（教師も立つ），立っている生徒に向かって "You are standing." "You are standing." と言う。次に教師は "Stand on your right leg." と言って生徒を右足だけで立たせる（教師も右足で立つ）。そして教師は "You are standing on your right leg." "You are standing on your right leg." と言う。継続して様々な動作を行いながら文法導入を行う。

TIPS

　説明によるのではなく，場面や状況をつくりその中で文法事項を導入したり，説明する前に気づきを促すことで導入したりするとよい。TPR は体の動きを伴うため，特にじっとしているのが難しい生徒には有効だろう。

2 文法のつまずき

●生徒の様子

　中学も学年が上がるにつれて一文あたりの英文の長さが長くなり，文構造が難しくなり，特に分詞の形容詞用法や，関係詞などの後置修飾が出てくると英文の理解が難しくなる。また後置修飾を含む文を書いたり，話したりしようとすると間違いを起こす。

●指導アイデア

❶単文に分ける練習を行う

　複文など構造的に難しい文でも単文にすることで意味理解が容易になる。まず内容理解を行う際にパラフレーズを行う方法の一つとして教師が単文に分けた状態で提示するとよい。以下にいくつかの例を提示する。

　The woman who discovered radioactivity was born in Poland.

　　　→ The woman was born in Poland. She discovered radioactivity.

　Let's help the old woman trying to stand up.

　　　→ Let's help the old woman. She is trying to stand up.

　上記のような文の場合はそれほど難しくない。しかし下記のような文の場合は例外的に注意が必要である。

　Caroline opened the door John closed.

　この文を単純に

　Caroline opened the door. John closed the door.

　とするとドアは閉まっていることになるため，下記のようにする必要がある。

　John closed the door. Caroline opened the door.

この形を生徒に行わせる前提として「Scene12　ことばのまとまりがわからない（p.58）」の方法で"the door John closed"の句を生徒に把握させる必要がある。あるいは以下のように文に記号をつけて提示してもよい。

> Caroline opened the door John closed.

❷バックワード・ビルドアップを行う

英文をかたまりごとに後ろから積み上げる音読（バックワード・ビルドアップ）を行うことで，後置修飾を含む文を意味を理解した上で取り組むことが可能になり，類似した構造の英文の生成や理解の際に役に立つ。英文を見ないで復唱しにくい後ろの方をより多く繰り返せるように後ろから積み上げる。後置修飾の構造の説明後に行う。かたまりの意味を把握させるために日本語で意味を言いながら行うとよい。

（"Caroline opened the door John closed." と板書）

T：Repeat after me. ジョンが閉めたドア。the door John closed.

Ss：the door John closed.

T：ジョンが閉めたドアを開けた。opened the door John closed.

Ss：opened the door John closed.

T：キャロリンはジョンが閉めたドアを開けた。

　　Caroline opened the door John closed.

Ss：Caroline opened the door John closed.

TIPS

　後置修飾を含む文の生成はとても難しいので，まずは後置修飾を含む文の意味を理解することに集中するとよい。特に関係詞が省略された上記の英文のような場合は，名詞が続く場合は that を補い名詞句のかたまりを見つけるなどの指導を継続して行う必要もある。

3 動機づけのつまずき

●生徒の様子

　教師とのよい関係性が構築できておらず，無気力や拒否などのネガティブな言動が見られる。

●指導アイデア

❶生徒の心に寄り添った声かけで誠実さを示す

　教師は学校生活におけるキーパーソンだ。生徒との関係性構築を阻害する行動要因として，生徒への不快・無礼・怠惰な言動，専門性の欠如が考えられる。生徒と教師の関係を深めるには，社会的，感情的，認知的，行動的側面で教師とつながる必要があり，共感，信頼，尊重，教育的配慮，教師の関与が鍵を握る（Mercer & Dornyei, 2022）とされる。共感は人間関係の核である。ともすると，教師は指導的になる傾向があるが，生徒に自分は理解され大事にされていると感じさせることが大事だ。

　距離を縮め良好な関係を構築するには，教師が共感的な態度で対応することが必要だ。生徒の家庭環境は様々。学校は公の場としての行動を求められる場であるが，家で面白くないことや心配なことがあっても学校では他者と同じ行動をしなくてはならない日もある。10代の子どもが自分を抑え学校で過ごす日がどれだけあるだろう。

　特に，悩みや不安を抱えている生徒を見逃してはならない。彼らは目線や言葉，態度で教師にサインを出すことが多い。そうしたサインを見逃さず，彼らの価値観や立場を踏まえた声かけで，「先生は私のことをわかってくれた（ている）」と安心する。筆者は，学期はじめに生徒と会う前に姓名と誕

生日を覚え心理的距離を縮める努力をする。さらに，聴き方と話し方に細心の注意を払っている。生徒の目線まで下がり，目を見て，話に耳を傾ける。そして，自分の考えを伝えるのではなく考えや思いを引き出すことを心がけている。特に生徒が悩みを抱えている場合は，聴くことに徹する。言葉の裏にある本当に伝えたいことを感じ取る姿勢を大事にし，絶対に生徒の言葉を遮らないようにする。

❷限界をつくらず生徒を信じる

「ピグマリオン効果」に象徴されるように，教師の生徒への期待度が学習成果と動機づけに影響を与える。教師の気持ちはよい意味でも悪い意味でも自然に生徒に伝わる。よって，私たち教師が成長マインドセットを持ち，生徒を理解した上で肯定的なメッセージを伝えていかなくてはならない。

筆者がポジティブな関係づくりのために主に実践していることを３つ紹介する。まずは，定期的なアンケートにより学習状況や英語に対する考えなどを把握することだ。率直な思いを書く場として，その後の声かけや指導に活用する。次に，生徒の「いいところ探し」を行うことだ。ネガティブなイメージを持たないように，生徒の情報をプラスにアップデートする。最後は，肯定的なフィードバックを行うことだ。効果的なフィードバックにするために，現状よりよくなるには何が必要かと，生徒の努力を見取っていることを具体的に伝えている。生徒はそういう言葉を受け取ると，さらに「自己更新」しようとする。やり取りの中の言葉や日記・提出物のコメントが，生徒の自己有用感醸成と，行動をやり遂げる自信につながることは言うまでもない。そうした言葉が響いている生徒は，間違いや失敗を学びの機会にすることができる。

> **TIPS**
>
> 良好な関係性を引き出すには，生徒を信じてケアする教師の適切な言葉と行動が重要である。

3 動機づけのつまずき

Scene 22　友人との関係性が構築されていない

●生徒の様子

　ネガティブな発言や空気があり，衝突や誹謗中傷が不安で発言を躊躇してしまう。周りが気になり意欲的になれない。

●指導アイデア

❶集団凝集性を高め，教室を心理的安全性の高い居場所にする
　集団凝集性とは「個人を集団内に留まらせようとする自発的な力」である。集団凝集性の高い集団は，共通の目的やビジョンを持ち，仲間意識が強くチームとしての結束力が高い。さらに仲間同士の情緒的・感情的なつながりが強く，関係性が深まるため，目標に対し前向きで協力的になりパフォーマンスが向上する。個を大事にしたポジティブな集団になり，思いやりのない言動がなくなる。教室が心理的安全性に溢れた場所になるからだ。
■集団に必要な6つの要素をふまえた指導
　①目標の共有：集団の目標を掲げることで協力のマインドを培う
　②役割の認識：役割を担い集団への貢献度を高め帰属意識を強化する
　③協働性の高いタスク：少し背伸びをするジャンプ課題で協働性を育む
　④タスク達成への協力：協力により距離が近くなり友好的関係を築く
　⑤集団規範：安心して活動できる集団のルールを生徒たちが決める
　⑥ルーティーン：活動を共有する経験を通し連帯感と帰属意識を高める
　小さなことであるが，話し始めに「〇〇さん」と名前を言ったり，話し相手の方にヘソを向けたり，頷きや応答をしたりすることが，相手を受容しつなぐことになる。特に，英語のように外国語を学ぶ教室では，他者の多様な

意見や考えに寛容で受容できることが，何よりも安心感の土台になる。

❷コミュニケーション・ルールの徹底と成功体験を積み重ねる

仲間との関係性を構築しづらい生徒は，価値観の違いを処理できなかったり，うまくコミュニケーションができなかったりすることが多い。よって，大切な一人として集団の中で受け入れられていると感じさせることが必要だ。それにはルールの徹底とタスクを通した成功体験が大事だ。「win-win の関係」を構築できるような活動を通し，仲間と一緒に挑戦してみようという気持ちにさせるとよい。

筆者は，コミュニケーション・ルールとして，生徒とつくった「10ルールズ」（胡子，2011）を共有している。私の目指す集団の姿を示し，その達成には何が必要かを生徒に考えさせる。そこで出てきたアイデアをまとめコミュニケーション・ルールとするのだ。例えば，"Compliment" は「仲間のいいところを探そう」，"Action" は「自分の可能性を伸ばすために行動を起こそう」だ。仲間とのよい関係づくりに貢献するルールだ。教師からの強制ではなく，仲間と決めたルールだから規範として機能する。その後は，ルールの維持・継続のために教室や廊下に掲示を行う。さらに，授業のたびに英語係が黒板にルールをはりつける。規範の浸透と集団凝集性の強化を図るためだ。

また，成功体験は自信のきっかけとなり有用感を高める。ルールを基盤として，仲間と共に一生懸命に取り組み課題を解決できたという成果は，生徒にとって極めて価値のある経験となる。その積み重ねが，仲間との関係性をよりよくしていく源になる。授業では，"Number counting" "Pair chat" "Skit" などのやり取りを軸にした活動の中で培っている（胡子，2016）。

TIPS

生徒同士の良好な関係性の構築には，ポジティブな学習集団をつくり，生徒同士の心理的距離を縮めていく活動を仕掛ける。

③ 動機づけのつまずき

●生徒の様子

　テストで結果を出せず，テストの結果について話すのを嫌がる。

●指導アイデア

❶目標設定とふり返りを通し，生徒のテスト観を変える

　テストの存在は動機づけの変化と相関性がある（Struyven, Dochy, & Janssens, 2005）。また，テストのフィードバックが学習改善に有効だと思った生徒ほどテスト問題に関する興味が高まる（Rakoczy, Harks, Klieme, Blum, & Hochweber, 2013）。学習への動機づけの維持・向上には生徒自身のテスト観を変える必要がある。自分の行動と求める結果が結びつかなかったり，行動に価値を見出せなかったりすると，行動する意欲や意志の喪失状態から無動機になる。動機の減退が繰り返されることも無動機の原因となる。よって，生徒にとって行動に目的を持たせることが重要なのだ。

　そこで，筆者は，目指す生徒や集団の姿を年度当初に示す。学習の強制やよい点数をとることが目的にならないように，３年間の見通しと学習集団としての目標を持たせる。また，自律を促すために，学年・学期・月・単元・授業ごとに個人の目標を設定させる。さらに，生徒の自己更新のために，テスト時だけでなく日々フィードバックを行う。努力目標に対し足りないことを指導者の視点で見極め伝えていく。生徒は自分の弱点をとらえ，できなかったことができるようになってはじめて，学習を楽しく感じ主体的に学習するようになるからだ。

　令和３年に中学校全面実施の学習指導要領（文部科学省，2018）では，目

指す資質・能力の育成のための「指導と評価の一体化」を重視している。教科等を学ぶ意義と目的を踏まえ，何をどのように学ばせるかが極めて重要なのだ。教師の指導観が生徒のテスト観に影響を与えるのは言うまでもない。

❷学習リソースを活用した誤答分析を通しふり返りを行う

　結果が出にくい生徒は一定数おり，アプローチも個々で異なる。ここでは授業と家庭学習をつなぐ実践の一つを紹介する。毎週行う自主学ノートの活用だ。試験後に誤答を分析し，ふり返りを行う。生徒同士のピア・サポートも入れていくことが効果的だ。導入時は，授業で一緒に行うとよい。

　ノートを縦に三分割し，左に間違えた問題，中央に間違えた原因と何ができていれば間違えなかったか，右に正しい答えを書く。特に中央には，辞書はもちろん，教科書や副教材，そして主にライティングで活用するエラーコードとの紐づけを行う。最後には，試験結果よりも授業や家庭学習を含めた試験の取り組み方をふり返り，次の学習への課題と目標を記入する。学習リソースの活用は家庭学習の道標になる。試験問題と教材とノートの行き来が，思考し判断する場ともなる。

　試験の話を嫌がる生徒は，学習習慣が確立できていない傾向がある。保護者の「課題があるか？」に「ない」と答えたり，「やることをやったか？」に対して「やった」と答え，何もせず悪循環に陥る。ふり返りを行わないままになっていることが多く，担任と密な連携をはかり保護者の協力を得る必要がある場合もある。

TIPS

　生徒に望ましい波及効果が得られ学習動機が高まるように，「妥当性」「信頼性」「実用性」の高いテストを作成し，テスト後のふり返りをすることが大切だ。

3 動機づけのつまずき

●生徒の様子

　「落ち着きがなく注意力散漫」「何をするにも時間がかかる」「忘れ物が多く身の回りの整理ができない」「聞き間違いが多い」「聞き取りの指示理解が難しい」「辿り読みをしても文を飛ばす」「写し書きができない」など様々な難しさを抱えている。

●指導アイデア

❶指示の内容を簡潔・明瞭にして，肯定的な話し方をする

　教師からの指示・説明の内容を短く明瞭に，わかりやすく話すことが大切だ。短く明瞭に伝えると，教師の発話時間が短くなるので，生徒の活動時間を生み出すことにもなる。内容理解に困難さを感じる生徒は，教師が説明すればするほど，内容が混乱してしまうため活動時間を増やす方がよい。

　また，１つの指示で１つの行動だけに絞り具体的に伝えることが最重要だ。複数の内容が含まれると，伝えたいことが曖昧になると同時に，生徒が内容を把握することが難しくなってしまうからだ。例えば，「大切なところを書いてください」と教師が言ったときに，理解できなくなる生徒は，「大切なところはどこ？」「書くのは何に？」と思う。よって，「ノートと鉛筆を出しましょう」「オレンジの四角で囲んだ部分を書き写しましょう」と伝えて初めて何をすればいいのかを理解する。さらに，肯定的な内容で伝えるように心がけよう。「発表中は話さない」というより「発表中は黙って聞きましょう」と伝える方が内容をとらえやすい。

❷視覚化とパターン化で生徒の負荷を下げる

　授業をはじめ，時間割や１日の流れに見通しを持てることは安心感につながり，ネガティブ要素の一つを払拭できる。筆者は，「何をするか」「どのようにするか」「なぜするか」，さらに，「困ったらどうするか」「活動後に何をするか」も明確に伝えている。これらを徹底するために大事なのが「視覚化」と「パターン化」である。

　授業中は，「聞いてから行動する」活動が大半を占める。特に耳からだけの情報処理が弱い子には「視覚化」が有効だ。活動内容とその順番や所要時間を書き出し，掲示や板書をする。理解の支援として，活動が終わるたびに印を入れたり，しなくてはいけないことをわかりやすく構造化したりしていくと安心感にもつながる。

　また，理解に不安要素を持つ生徒は，予定と違うとか流れがつかめないことがマイナス要因となる。したがって，授業を「パターン化」することはその支援となる。帯活動で初めの流れを固定するとよい。筆者は，「（授業前）Vocal exercise → パンチゲーム → Pair chat → Number counting →（授業中）Greetings → Student teacher → Today's goal → Fun phrase → Last sentence dictation → Bingo → One minute monologue → 5-minute quick writing」の順で約20分間の帯活動を行う。この後に教科書の内容理解，タスクやふり返りに入るが，トピックにより複数のパターンを決め，生徒の負荷を軽減し，授業と授業ののりしろとなる活動を仕組んでいる。しかし，流れをすべてをパターン化すると，生徒が思考・判断する場を奪ってしまうことになるため，慣れてきたら変化を持たせることも必要だ。生徒の意欲喚起のためには"Something new"の要素も大事だ。

> **TIPS**
>
> 　指示の出し方と内容を吟味し，視覚化とパターン化で，生徒が「わかる」「できる」ところを増やす。

3 動機づけのつまずき

Scene 25　間違えることが怖い・恥ずかしい

●生徒の様子

　「正しい発音ができない」「正しい単語や文法が使えているか」「言いたいことが伝わっているか」「人前で声を出すのに抵抗がある」など挑戦する前から自らのハードルを高くしてしまう。緊張して口が滑らかに動かなかったり，頭が真っ白になり何を言おうとしていたのかがわからなくなったりする。過去にした失敗や間違いを引きずり声を出すことに抵抗がある。

●指導アイデア

❶ポジティブなマインドセットを持てるように支援する

　前述したように，「有用感を高める」ことと「成功体験を得る」ことはこのタイプの生徒にも有効だ。また，生徒自身が何事にも挑戦し失敗も学びの糧と捉えることができる「成長マインドセット」を持っていることも大切だ。「成長マインドセット」を持っていると，問題や予想外のことが起きたときもチャンスととらえ，それを自分自身が何かを学習できる好機にすることができる。

　「成長マインドセット」を育むには次のようにアプローチする。

　①目標設定：何を努力すればいいかを明確にさせる

　②発想転換：間違いや失敗を歓迎する気持ちにさせる

　③自律促進：自己選択によりステップアップさせる

　④学習環境：間違いや失敗を学びととらえさせる

　⑤自己調整：適切なフィードバックで努力要因に価値を置かせる

　５つのアプローチからも明らかなように，教師自身の考え方，これに付随

する声かけと生徒理解が生徒のポジティブマインドの醸成に大きく影響する。教師がロール・モデルとなり，生徒の自己更新を促す行動をすることが大切だ。

❷ペアや小グループで自信をつけさせる

　間違いや失敗に寛容な学習集団であれば，その集団のさらに少人数で自己開示できる活動を行う。筆者がよく行うのは「共通点探し」だ。人は共通のものがあると親近感を持つ。"Find something in common!" の合図で，"Do you like English?" "What do you do in your free time?" などの質問を始め必死で共通点を見つけようとする。また，話す前に必ず相手の名前を言わせている。名前を呼ぶだけで，「自分と向き合ってくれている」「自分は尊重されている」と感じ好印象を与えるからだ。こうして仲間との垣根を低くできると，間違いを気にせずに取り組めるようになる。

　さらに，声を出すのに抵抗がある生徒のために，発音間違いが気にならないように BGM をかける。音楽のリズムがあると相手との呼吸が合ってくるため，話しやすくなる効果もある。このタイプの子には「大きい声を出して」は逆効果で，さらに声が小さくなってしまう。「相手に伝わるくらいの声で」と言うと，気張らずに聞こえる音量の声になる。活動中心の授業構成にすると，ザワザワ感が生まれ，シンと静まり返っているより躊躇せずに声が出せる助けになる。ADHD（Attention-Deficit Hyperactivity Disorder）や HSP（Highly Sensitive Person）の生徒には BGM 使用は要注意だ。音に敏感なので様子を見ながら使う必要がある。幸い筆者が担当の子たちは「音があった方がいい」派ばかりで，発話しやすくなると好意的に捉えてくれている。

> **TIPS**
>
> 　教師がロール・モデルとなり，間違いや失敗は学びであるという価値観の集団を育て，「成長マインドセット」を育む。

Scene 26　勉強方法がわからない

●生徒の様子

　取り掛かりの術がわからず授業中にぼうっとしていたり，話をして授業妨害をしたりする。家庭学習の習慣がなく，宿題や自主学習をやらない。やるべきことを先のばしにし，その場しのぎの勉強になっている。向上心を持って取り組むことができない。

●指導アイデア

❶生活の中に学習時間を組み込み学習習慣を定着させる

　つまずきの原因は個々に突きとめる必要があるため，最終的には個人指導となるが，勉強方法がわからなくなっている生徒の特徴として，生活リズムが不規則であることが挙げられる。平日は寝る時間が遅く，登校するため朝起きるが休日は昼頃まで寝ている。睡眠不足のため，授業中に眠気に襲われ集中できない。授業内容がわからなくなるという悪循環を引き起こす。この状態を抜け出すには，学習に向かう土台づくりをしなくてはならない。これには家庭の協力が必要だ。生活習慣の乱れは幼い頃からの蓄積と家庭環境が大きく影響するため，中学校段階ではかなりのテコ入れが必要だ。

　学習環境を整えさせることも大事だ。学習の妨げになるものを机や周辺に置かないようにさせたり，帰宅後身支度を整え，即学習に取り掛かれるように，机上に準備をさせたりするなどして，学習に向かう意欲を高めさせる。

　学校では，朝や放課後の時間を活用し，取り掛かりとして生徒が継続できそうな課題を一緒にやったり，時には質問を受けたりして，家でできそうなところまで支援する。また，家での生徒の取り組みの様子を保護者に連絡ノ

ートに記載してもらい，学習時間も含め把握し指導に生かす。どの子も「わかるようになりたい」「できるようになりたい」と思っていることを胸に"Leave no one behind."の精神で生徒と向き合うことが大切だ。

❷効果的な学び方を学ばせる

生徒が自分に最適な学ぶスキルを身につけるように支援することが必要だ。自分に合うインプット方法を把握している生徒はどれだけいるだろうか。「音声を聞く」「文字を読む」「内容を話す」「書く」と理解のしやすさや集中のしやすさは個々に違う。どのやり方が合うかを見極めて学習に取り入れていくことが大切だ。個人で難しい場合には，誰かの側で学習することも勧めてみよう。

他者とのかかわりの中で学ぶと学習効果が上がる。教師や保護者の側で学習すると，適切なアドバイスをすぐにもらうことができるし，クラスメートとは，自分では気づけなかった視点や考え方を得ることができるだろう。同世代の仲間と学ぶことは何より大きな刺激となる。

また，習得できたかを確認するためにインプットしたことがアウトプットできるかを試す場を設定しよう。「仲間に伝える」「書き出してまとめる」「自分でテストする」「説明する」などをすることで，自分が理解していなかったり，できていなかったりするところを確認させることができる。こうした一連の学習で，生徒は自分を客観視できる「メタ認知力」を高め，次に何をすればいいのかをつかむことができる。

TIPS

生活リズムを整え学習習慣を確立させる。また，授業では活動の中で，仲間とかかわる機会をつくり，アウトプットを通し，学び方を身につけさせる。

3 動機づけのつまずき

Scene 27　英語を学習する目的がない

●生徒の様子

　英語を学ぶ目的が明確でないためになんとなく授業を受け，あらゆること
が中途半端になり，モチベーションが上がらない。

●指導アイデア

❶教師の英語や授業に対する想いを知り，英語学習の目的をつかませる

　英語科だけでなく他の教科も含め，明確な目的・目標を持ち学習に臨んで
いる生徒はどれほどいるだろう。特に英語はグローバル化により将来的な必
要性が叫ばれる中，英語教育改革も進んだが，日常生活で英語が必要な場面
はほぼない。外国語なので難しく感じる。さらに小学校での必修化により既
にメンタルブロックができ中１ではマイナスからのスタートが現状である。

　その状況を打破するために，教師はファシリテーターとして目的を持たせ
生徒の主体的な学びに火をつけることが必要だ。以下は筆者の実践だ。授業
開きで，英語の必要性，授業に対する教師理念と目指す生徒像を伝える。

　①世界へ向け自分の思いを発信し世の中に貢献できる人を育てること

　②世界を知り，世界の人々と協力することができる人を育てること

　③自分と周りの人を大切にし自国の文化に誇りを持てる人を育てること
を掲げかかわっていくことを伝える。広島は世界最初の被爆地だ。特に①は，
広島に住む子たちにかかわる者としての使命であると捉えている。英語は
「ことば」であり人と人とを友好的につなぐものだ。「学ぶこと」は知ること
であり，それは優しさを身につけることである。学び方はいろいろあってよ
い。個性を大事にし仲間と心を合わせ，目標に向かい夢中にさせる。すなわ

ち，英語は世界平和のために存在するという筆者の言語観とみんな違うからこそよいという教育観を，中学生に伝わる言葉で鮮烈な印象を残すように伝える。

また，英語科の存在価値は他教科と違うと伝えている。それは，インタラクションを軸にした授業での仲間とのタスクを通して，視野を広げ心の壁を取り払い他者とつながることができるところにある。1つの解だけを求めるのではなく，アウトプットを通して豊かな表現をすることができる。誰とでも通じ合えるコミュニケーション力を育めるのが英語授業の強みだ。

❷集団の目標と個人の目標を明確にさせる

授業は生徒と教師とでつくりあげていくものだ。よって教師主導ではなく両者の思いを反映した目標と規律を共有することが大切だ。「目指す授業に必要なこと」をマンダラートやマッピングを用いてブレインストーミングさせ，クラスで共有し，個人の目標を具体化させる。具体的なイメージを持たせるために過去の授業ビデオを見せる。学校では，依然として知識の注入やスキルの向上に重きを置く傾向がある。それでは，難しさを感じている生徒は学ぶ意義を見出せないだろう。登山で頂上を目指す際に，いろいろな道があるのに，急で険しいだけの道を指定されたら登る気をなくしてしまうだろう。英語学習も同じだ。したがって，到達地点がクリアであれば，個々の目標は生徒自身が成長を感じられるものであればよい。達成できたらバージョンアップを繰り返す中で英語へのメンタルブロックも外れていくはずだ。急発進してどんどん進んでいく子もいれば，ゆっくり歩を進める子もいる。のんびりでも継続して学ぶ意欲を持ち続けることができるよう寄り添うことが大切だ。

> **TIPS**
>
> ファシリテーターとして教師理念（教師のビジョン）を伝え，共通の軸をもち，クラスや個人の目標設定を行わせる。

3 動機づけのつまずき

●生徒の様子

　授業で行う活動に消極的で，受け身である。あまり発話しなかったり無気力だったりする。

●指導アイデア

❶変化のある繰り返しとスモールステップでやりたい気持ちにさせる
　生徒をアクティブにし，どの子も「もっと知りたい」「もっと参加したい」と思うような仕掛けをすることが大切だ。例えば，ドルネェイ（Mercer & Dornyei, 2022）は，「スモールステップで始める」「驚きの要素を組み込む」「謎解きやパズルを組み込む」「続きが気になる仕掛けを作る」「好奇心を引き出す問いを使う」タスクデザインが重要だと述べている。筆者はどの活動でも「スモールステップ」で行うことを重視している。意欲の乏しい生徒に最初の一歩を踏み出させるような楽しく取り組みやすい活動を行う。例えば，自己関連性の高いものやゲーム性の高いものだ。仲間のことを知るために行う "Quick Q&A" やヒントを出して何かを当てる "Guessing What"，インフォメーション・ギャップのある "Find Odd One" など短時間でワクワク感を持たせる活動が好ましい（胡子, 2016）。こうした活動をペアやグループで，さらに授業の最初の段階で行う。アクティブな導入が生徒の英語モードのスイッチを入れ，授業に入っていく準備となるからだ。活動すると脳内にやる気ホルモンであるドーパミンが増え，さらにアクティブな状況を持続させる。スモールステップで達成感を得られると，「やり抜く力（grit）」も育つと言われている（Hosoda, 2020）。慣れてきたら，即興で

自分の考えを伝える活動にも怯まず取り組むようになる。アンケートから，生徒の興味を喚起したもの，力になったもの，楽しいと感じたものを以下に挙げておく。いずれも，ペアまたはグループで取り組む技能（領域）統合型の活動である。

	力になったと思う活動	興味をもって取り組めた活動	一番楽しい活動
1	One minute monologue	Skit	Chat
2	Discussion	One minute monologue	Skit
3	Retelling	Kyokasho Flashback	Chants
4	Student teacher	Retelling	Papaya Juice
5	Skit	Picture Describing	Student teacher
6	Reading（音読）	Discussion	ペア・グループで協力した活動

❷クリフハンガーで生徒たちの気持ちを前のめりにさせる

　人は解消したいが解消されていない緊張感があると，その続きに引きつけられる。「クリフハンガー」だ。「ゼイガルニク効果」ともいう。この効果を活用し生徒の好奇心を刺激すると意欲が向上する。筆者の実践では，授業をキリのいいところで終わらせず，モヤ感を残す。続きが気になるのに加え次の授業で行うことが明確なので，生徒の集中力が上がる。また，活動で盛り上がっていても設定時間より少し短めで終わる。生徒は続きを話したくなるため，さらに意欲的になる。こうした教師の意図的な仕掛けに加え，生徒の興味を刺激し積極的参加を促すのに以下の10要件を含むタスクをデザインするとよい（瀧沢，大塚，胡子，畑中，2020）。

　①真正性　②自己関連性　③創造（想像）性　④興味深さ　⑤挑戦性
　⑥ゴールの明確性　⑦達成感　⑧斬新性　⑨意外性　⑩不確実性

> **TIPS**
>
> 　生徒の実態を踏まえ，活動内容や学習形態などの工夫をし，効果的なアプローチにする。

❸ 動機づけのつまずき

●生徒の様子

　自分の関心があること以外は，何を行っても黙ったままで動かなかったり，違うことをしたりしている。

●指導アイデア

❶効果的な発問で生徒の思考をアクティブにする
　「発問」とは，既に答えが準備されている「質問」とは違い，生徒に考えさせたり活動させたりするために行う教師からの意図的な質問や投げかけのことだ。無気力な生徒の意欲を喚起するのに発問が効果を発揮する。発問次第で，真剣に考え必死に自分のことばで語ろうとする深い学びを引き出すことも可能だ。質の高い発問は，生徒自らが思考し，経験や既知の知識と関連づけ，学びの成果を高める（胡子，2020）。
　発問には，答える側の自由度が異なる2種類の発問がある。
　①閉ざされた質問（Closed-ended questions）：Yes/No や選択肢の発問
　②開かれた質問（Open-ended questions）：答えの自由度が高い発問
　②の方が，生徒が自分で考えて答えられるので，自分の知識や経験に基づいた発言ができる。筆者はこちらの発問を投げかけることが多い。"What do you think?" "Why do you think so?" と投げかけ，生徒と，また生徒同士がインタラクションする。やり取りの中で，さらに生徒とのかかわりを引き出していくことができる。この種類の発問は，①の発問に受け答えできる素地があってこそ生きてくるので，バランスよく発問することが大切だ。いきなり②の発問ばかりしても「わからない」「答えられない」状態から「も

っと面白くない」状態を引き起こしてしまいかねない。したがって，発問が効果的になるように，生徒の実態をよく見極めることが大切だ。

❷3つのタイプの発問で主体的に取り組む気持ちにさせる

主体的な気持ちを導くには，「驚き」「感動」「疑問」が生まれる仕掛けが必要だ。特に教科書扱いに関して工夫し，生徒の心を揺さぶり，新しい発見ができるように導きたい。そのためにも発問を効果的に活用しよう。

❶で分類した2種類の中にさらに3つのタイプの発問がある。

①事実発問（Fact-finding questions）：英文中の事実を問う発問

②推論発問（Inferential questions）：内容を推測して読み取らせる発問

③評価発問（Evaluative questions）：評価や解釈を必要とする発問

発問の工夫で，英文を何度も読ませたり既習事項や知識を活用し，理解を深めさせることができる。特に②では，本文の主題，登場人物の気持ち，話の展開などを推測させ，③では，イメージを膨らませたり自分の考えを深めさせたりすることができる。答えがあるわけではなく，自由に発想ができるため，どの子も活躍できる。より学習をエンゲージングなものにするために，生徒自身に発問を作らせる活動を組み込むこともある。

生徒が主体的になるのは，間違いなく自分の思いや考えを伝え合う活動のときだ。授業にネガティブな気持ちを抱える生徒ほど，他者とのかかわりの中で学ぶことが力になる。一緒に考え意見を出し合うことが大きな支えになり，多様な見方や考え方を共有できる。一人では躊躇してしまうことも仲間と頭を寄せ合うことでできる（ZPD）体験の積み重ねが大きな自信となる（ヴィゴツキー，2003）。

TIPS

発問の工夫には綿密な教材研究が必須だ。効果的な学びにつなげる発問で生徒を授業に巻き込み，主体性を引き出す。

③ 動機づけのつまずき

Scene 30　授業内容を聞き逃す

●生徒の様子

　じっとしていて動きがなく，話を聞く気がない。無気力でぼうっとしている。注意力散漫で外の景色やクラスメートの動きに気をとられる。集中力がなく手遊びが多い。

●指導アイデア

❶仲間とのかかわりの中で意欲向上できる仕掛けをする

　話を聞くことに問題を抱える生徒の中にはいろいろなタイプの子がいる。その中でも，無気力タイプの子は目標がなく，自分の居場所が学校にないと孤独感や，日々が同じことの繰り返しに思えて退屈感を持つ。したがって，まずは集団が安心感に満ちた居心地よい場所となるように集団づくりに心を砕く必要がある。その上で，授業では，どの子も参加できる活動と場面の確保を行う。仲間からの助けを得やすいように協働学習を仕組み，他者とかかわり合う場を意図的につくる。このタイプの生徒に大切なのは「自分の存在が仲間の役に立った」「クラスに貢献できた」という実感を持たせることだ。

　筆者の授業はインタラクション型の授業デザインだ。簡単に応答できる"Daily routine question" を投げ，授業冒頭で私と仲間とメッセージのキャッチボールをする場面を取り入れている。"Number counting" "Pair chat" などのペアの協力により初めて成し遂げられる活動や，インフォーメーション・ギャップのある活動も帯活動の中に必ず入れ，さり気なく，その子がいないと活動が成立しない状況にする。メインの活動でも，自由度の高い発問を行い，その子の考えや感想を仲間と共有できるようにしている。

❷刺激のコントロールをする

　注意力散漫な生徒は，外の景色，教室の掲示物，周りの声などが刺激になる。刺激に反応し教師の話に注意を向けることが難しくなる。よって，一番の解決策は刺激物の排除だ。筆者の実践で効果的なものを３つ紹介する。

　１つ目は，視覚的な刺激を減らすことだ。特に，黒板周りの掲示物は避け，必要な掲示物の場合は授業中は布や模造紙で覆う。筆箱も刺激になるため，授業に必要なもののみを机上に出させ，他は片づけさせる。心配な生徒の筆箱には，解体したペンや紙ゴミなど学習に不要なものが入っており，これらに気をとられることが多い。丁寧なケアが必要なので，座席配置も重要だ。前の席で教師が声をかけやすい状態をつくるとよい。声については，注意力を削ぐ声が出ないようにコミュニケーション・ルールを徹底する。

　２つ目は，注意喚起だ。「全員が黙ってこちらを向くまでは話し始めない」や「手を２回叩いたら注目」を生徒と共有している。「こういうときにはこうする」というパターン化が余計な刺激を気にしない行動につながる。また，「真新しさ」「変化」「TPR」を取り入れたアクティブな活動で，注意を引きつける。集中力を高め，周囲の刺激が気にならなくなる。

　３つ目は適切なフィードバックだ。望ましくない生徒の言動を放置しておくと，自分は正しいのだという誤学習につながる。正しいふるまい方を指導し，それができたときには「よかった点」「成長した点」を具体的に伝える。こうして自己有用感を高めることが自信となり，集中力の向上・継続につながる。

TIPS

　「聞く」ことは学校では必須のスキルだ。集団のルールを徹底しながら生徒の集中力が上がるように個別で支援する。

Scene 31　英文の内容理解ができない

●生徒の様子

　教科書の英文の内容を生徒が理解することができない。特に長い文章になると理解が難しい。

●指導アイデア

❶内容理解の方法を見直す

　教科書の意味内容の理解のためにどのような方法をとられているだろうか。例えば英語で発問して英語で答える形式で内容理解を図る先生もおられると思うが，発問の英語を生徒は理解しているだろうか。あるいは質問はどのような順番でなされているであろうか。内容理解のときには次のような原則が必要である。①「閉本での教科書のリスニングから入る指導をする」。文字ではなく音と意味に集中するために閉本で本文を聞く。②「開本で内容理解を行う際には教科書のモデル音声に合わせて行う」。文字と音と意味の一致を考える。③「①と②の内容理解の際には質問を与えてから行う」。発問の答えを与えてその答えを探して聞いたり，読んだりすることで内容把握に集中できる。④「最初は概要を問う発問をし，次に詳細を問う発問を行う」。⑤「１回の活動で問う発問は２〜３問程度とする」。発問の数が多いと覚えておくことができなくなり答えを探しながらの内容理解が困難になる。⑥「事実を問う発問だけではなく，本文から推論できる発問，本文内容を評価する発問も行う（p.93参照）」。⑦「英問英答にこだわらない」。大切なのは生徒が本文の中からその発問の答えを出す作業を行うことなので，無理やり英語で尋ね，答える必要はない。使用言語には下記のような多様な方法が

ある。

	音読前の内容理解（開本）	音読の後（閉本）
日本語で質問，日本語で回答	○	×
英語で質問，日本語で回答	○	×
日本語で質問，下線引き	○	×
英語で質問，下線引き	○	×
日本語で質問，英語で回答	△	△
英語で質問，英語で回答	△	○

　これに加えて TF 問題も内容把握の手法として有効である。開本での QA
の途中の段階でも再度テキストを閉じさせてリスニングを行い，再度 QA
問題に答えるなどしてアクセントを持たせるとよい。

❷ QA だけでは本文の内容把握が十分にできない

　質問を工夫しても本文の内容がきちんとつかめていない場合が多い。その
際は和訳を配付するとよい。しかし上記の表のような形で内容把握を行う必
要がある。最初に和訳を配付すると，読解のプロセスをとばしてしまうこと
になる。先に和訳を行うと「意味を考えて英語を読む」という部分を経験し
ないことになるので自律的な学習者にならない。さらに音読活動やアウトプ
ット活動の中でも内容を定着させていく必要がある（安木，2022）。例えば
音読の際に日英通訳練習を行うことや，閉本の状態で QA を行うこと，リ
テリングにつなげるために本文の流れを漢字や図を用いて表してみるなどの
方法がある。

> **TIPS**
>
> 　初見の文章の内容を理解できるようになるためには，「読解」という
> プロセスを音声ベースで体験させてから，音読やアウトプット活動へと
> つなげていく必要がある。

Scene 32　リスニングで文や文章の意味がわからない

● 生徒の様子

　単語レベルでは発音や聞き取りができるが，文や文章になると教科書の本文レベルの英語を聞いても意味の理解が難しい。

● 指導アイデア

❶ どれぐらい聞き取れているかを把握させ，活動後に伸びを実感させる

　リスニングはなんとなく聞き取れていると感じる場合もあるが，実際には聞き取れていないことも多い，まずは教科書の新しいパートに入る前に閉本で本文の音声を聞かせ理解度をはかってみるとよい。文章全体の大体の理解度率を10%，30%，50%，70%，90% の中から選ばせ挙手をさせる。その後でリスニングやディクテーション，開本での内容理解や音読，シャドーイング等の活動を行った後で本文を再度聞かせ，理解度を確認する。ほぼすべての生徒が理解度の向上を認識するであろう。

❷ Q を与えて閉本でポーズつきの教科書本文の意味をとらせる

　教科書本文の句や節単位にポーズを入れて学習者に聞かせるとよい。最近の検定教科書にはポーズつき音声が付属したものがあるのでその音声を使用する，Audacity などの音声ソフトを使用する，音読アプリ Qulmee のポーズつき音声作成機能を使用してポーズつき音声を作成する，あるいは教師自身がポーズを入れて本文を音読してもよい。その際にはあらかじめ本文に関する質問を与えておくとよい。それにより質問によって予想したものを検証する作業を行うことになるので，集中してリスニングに取り組むことができ

る。またあらかじめ本文の流れを表す図や表を与えておいてそれを埋めさせたりする，内容を文字ではなく絵で表すなど様々な作業を行うとよい。

❸ディクテーションを行う

ディクテーション（書き取り）には全文を書き取らせる全文ディクテーションの他に，語や句や節など文の一部を書き取らせるスポット・ディクテーションがある。スローラーナーに配慮して既存の教材を使ってディクテーションを行うとよい。例えば，前年度に使用した教科書の箇所を指定して生徒に音読するように指示しておき，授業でラスト・センテンス・ディクテーションを行う。方法は教師が本文を音読し途中で音読を止め，生徒は教師が読み上げた最後の英文を書き取る。あるいは1課が終わった後で教科書の1課の中で内容上または音声上重要な箇所を抜いておき，各自タブレットなどの音源を聞きながら抜けている箇所を埋めていく。

❹シャドーイングを行う

音声をそのまま声に出して発音（復唱）するシャドーイングもリスニング力の向上に有効だ。聞こえてきた音声を模倣して発音する能力が向上することにより，リスニングの際に音声知覚つまりどのような音声かを知覚する能力が向上する。自ら正確に発音する能力を向上させることによりリスニング能力を向上させるとも言える。シャドーイングは中高生には難しい練習法なので，様々な音読を十分に行ってから行う必要がある（安木，2010）。シャドーイングが難しい学習者はオーバーラッピングを行うとよい。

TIPS

　4技能統合指導の中で最初に行うのがリスニング指導である。また簡単そうで習得が難しくつまずきやすい項目なのでしっかり指導したい。

Scene 33　スピーキングでうまく話せない

●生徒の様子

　授業中のリスニングやリーディングや音読などの活動には活発に取り組むが，スピーキングとなると熱心に取り組むことができない。話せても間違いが多く正確に英語を話すことができない。

●指導アイデア

❶帯活動でのスピーキングの中でもある程度の正確さを意識した活動を行う

　帯学習の中である程度型を決めて学習する方法を提示する。マジカルクイズである。立ち上がり，前後で向かい合い後ろの人は黒板に書いた単語または絵を英語で説明する。前の人はそれを聞いて，その単語を当てる。当たったら "That's right". と言って2人とも座る。全員終了すれば前後を逆にして行う。例えば教師が絵または写真を黒板に示すとする。その際に下記のように活動を行うための分類上のヒントを与えておく。ここではゴリラだとどうするかという例を提示している。

[誰・何（分類）] This is an animal. It is a mammal.

[どこ] It lives in Africa. It lives in a jungle.

[いつ] ？　　[なぜ] ？

[どのような・形] It's like a human being.

[どのような・色] It is gray. It's black.

[どのような・できること] It is very smart. It is very strong.

---

❷音読後にリテリングを行う際に活動を行う

　音読をした後にすぐにリテリングをしても難しいことが多い。安木（2022）は音読後にすぐリテリングを行うのではなく，様々な活動を行うことで，リテリングが容易になることについて述べている。ここでは3つの方法を紹介する。

　1つ目は本文のキーワードを教師が提示し，キーワードを見ながら再生活動（ストーリー・リプロダクション）を全体で行った後，リテリングをペアで行うものだ。なおキーワードの代わりに，フレーズ訳を英語の語順に並べたシートや本文内容を図示したものでもよい。その後リテリング活動を行う。

　2つ目は音読後にテキストを閉じた状態で本文の要旨をペアで日本語で確認し，その後個人で要旨を日本語で書き，次に英語で書く。教科書を開いて教科書の英文と比較することで要旨を自己添削し，次に何も見ずリテリング活動を行う活動だ。ペアでの確認作業はペアを替えて，別のペアと行ってもよい。

　3つ目は音読後にテキストを閉じた状態で，本文の重要部分を問う質問を教師が全体に対して行い，ペアになった生徒の一方は教師の質問を英語で繰り返し，相手の生徒は答える（英語でできなければ日本語も可）。半分行ったところで役割を交代する。その後教師は今のQAの問題と答え（英語）を配付し答えの部分の音読練習を行う（必ずリード・アンド・ルックアップまで行う）。この後テキストを閉じた状態で内容を示す絵を見ながらリテリングを行うが，QAの答えをつなぎあわせれば内容を言えるので英語が出てきやすい。

TIPS

　スピーキングは間違いを気にせず，どんどん話すタイプと，型を決めたり，内容を理解した上で音読を行い正確さを重視したタイプを使い分けるとよい。

4 その他のつまずき

Scene 34　意味を考えず音読の空読みをしてしまう

●生徒の様子

　本文を音読することができても，意味を理解せず，空読みをしており，音読後に実際の場面で使用することができない。音読前に QA や日本語訳などで内容理解を行っても，内容を十分理解しているとは言いがたく，音読の際に意味を考えながら行っているとも言いがたい。意味を考えながら音読しなさいと言ってもどのようにすればよいかわからない。

●指導アイデア

❶「英文見たまま通訳演習」（安木，2010）を行う

　教師が1～2のフレーズまたは文単位で日本語を言い，生徒が（スラッシュのつかない）教科書を見て該当箇所を音読する。以下の例のように行う。

> Ｔ：先生がフレーズごとに日本語を言うので通訳になったつもりで教科書を見て英語を言いなさい。夏休みはほとんど終わろうとしていた。
>
> Ss：Summer vacation was almost over.
>
> Ｔ：私の兄のトシと私は
>
> Ss：My brother Toshi and I
>
> Ｔ：何か面白いことをしようと計画した。
>
> Ss：planned to do something interesting.

　生徒は英文の意味を考えないと音読する箇所がわからないので英文の意味を考えるようになる。閉本で行う形に比べて難易度は高くないのでスローラ

ーナーも活動に参加できる。ペアで行うことも可能である。その際はフレーズごとの意味の書いてあるシートを配付しておく。

❷日本語を活用した音読を行う

リッスン・アンド・リピートは教師が日本語の意味を言った後で英語を言い，生徒はその後で英語を繰り返す。内容理解後の最初の音読として行う。リード・アラウド・リッスン・アンド・リピートは教師が日本語を言い，生徒が該当する箇所を英語で音読し，もう一度教師が英語を音読し，生徒が再度音読する。これにより生徒は意味を再確認すると同時に生徒が最初に発声し，教師の音声で確認してから再度発声するので音声の改善にもなる。

❸音読の途中で意味などを確認する

全体で音読している途中でも教師は生徒に英語または日本語で質問を投げかける。「この文の意味なんだっけ？」「この文の主語と動詞は何で誰が何をする？」「it は何を指す？」「どうしてここを強く読むの？」などと聞いてみる。折りにふれて合いの手を入れる。

❹文章の流れをつかむ

文章の流れをつかむことで，音読する際にも個々の文の読み方もより意味を考えるようになる。「流れをマッピングしたものを完成させてみる」「名詞や代名詞の言い換えを確認する」「動詞に注目して時制を問う」「抽象部分と具体部分を分ける」などの練習が内容が難しくなると必要になる。

> **TIPS**
>
> 　内容理解の段階が終わっても意味理解は完成しているものと考えず，音読の中でも様々な工夫をすることで，意味を伴った音読が可能になり，教科書の文を自分の言葉として使うことができるようになる。

その他のつまずき

Scene 35　まとまった文章を書くことができない

●生徒の様子

　タイトルを与えてまとまった量の英文を書くように指示しても，なかなか英語を書くことができない。

●指導アイデア

❶スピーキングと結びつけて書く活動を行う

　スピーキングとライティングはアウトプットであるという点において同じ種類の活動といえる。まずスピーキングを行い，その話した内容をライティングへとつなげることで，書く活動へのハードルを下げることができる。一つ例を挙げる。まず教師がそのタイトルの内容についてスモール・トークで紹介する。その後以下のようにペア・ワークを行う。

> T：今からペアでチャットを行いますが，相手の言ったことをマッピングしてください。まず自分のノートの真ん中に "My favorite 〜" と書いてペアの相手と交換してください。favorite の後の単語はプリントにある中のものから自由に選んでよいです。相手が答えた内容をマッピングして単語を加えていきます。英語で書けない部分は日本語で書いてあげてください。では窓側の人が Q をして，マッピングを書きます。よーい。始め。
>
> SA：What's your favorite sport?
>
> SB：My favorite sport is baseball.
>
> SA：（ノートの中央の My favorite sport に線をつないで baseball と書く）

SA：Why do you like baseball?

SB：I like it because it is exciting.

SA：（baseball に線をつないで exciting と書く）

　この活動を終えた後で，ライティング活動を行う。マッピングを見ながら制限時間内に My favorite〜のタイトルで英文を書く。書く際にはなるべく速く書くように伝え，また鉛筆ではなくボールペンを使用するように伝える。終了後総語数と1分間あたりの語数を記入する。1分間あたりの語数は継続して記入することで語数の伸びを測定する。

❷一度日本語で書いたもので英語のライティングを行う

　ライティングを行う際には，書く内容を考えると同時に，英文を作文する作業を行う必要があり，それはスローラーナーにとっては，大きな負担となる。そこで最初に日本語で書かせてみてはいかがであろうか。その際に使用する日本語は原則として後置修飾等を含まないで記入させることが望ましい。例えば「私は彼が住んでいる東京に行った」という文の使用は避け，「彼は東京に住んでいる。私はその街に行った」という文で書くよう指導する。このように日本語で書く指導をした後にそれを英語に直す活動を行う。最初の内は文法のつまずきで紹介した Scene14の語順表（p.62）を利用させてもよい。

TIPS

　❶の活動は高校教員時代に行った活動である。ALT とスモール・トークをした後に行っていたこともある。生徒にはライティングノートを作ってもらい，様々な場面でどんどん書いてもらった。スピーキングで終わるのではなく書く活動を行うことで，生徒は自分の考えや英語を定着させることができる。

4 その他のつまずき

Scene 36 発音記号がわからない

●生徒の様子

　発音記号が読めず，聞いただけでははっきりわからない単語の明確な発音を知りたいが発音記号が読めない。

●指導アイデア

❶日本語と比較しながら発音記号の練習をする

　日本語の発音と比較しながら表を使って発音の練習を行う。まず五十音の表を使用する例を紹介する。

	a	*i*	*u*	*e*	*o*
ア行	*a*	*i*	*u*	*e*	*o*
カ行	*ka*	*ki*	*ku*	*ke*	*ko*
サ行	*sa*	*ʃi*	*su*	*se*	*so*
タ行	*ta*	*tʃi*	*tsu*	*te*	*to*
ナ行	*na*	*ni*	*nu*	*ne*	*no*
ハ行	*ha*	*hi*	*hu*	*he*	*ho*
マ行	*ma*	*mi*	*mu*	*me*	*mo*
ヤ行	*ja*	*yi*	*ju*	*je*	*jo*
ワ行	*wa*	*wi*	*wu*	*we*	*wo*
ン行	*ŋ*				

　この表を使用して教師が発音し生徒が繰り返すなど様々な音読をして練習を行う。

　この中で特にアの音に関してはいくつかの発音があるが，最初は a と表記したときに使用される /æ/ の音を用い，その後別の機会に他のものを導入するとよい。その他濁音や半濁音等も練習しておく必要がある。次のような

表が考えられる。

	a	*i*	*u*	*e*	*o*
ガ行	*ga*	*gi*	*gu*	*ge*	*go*
ザ行	*za*	*dʒi*	*zu*	*ze*	*zo*
ダ行	*da*	*di*	*du*	*de*	*do*
バ行	*ba*	*bi*	*bu*	*be*	*bo*

　日本語と違う発音をもつ子音の発音記号もまとめて練習しておくとよい。下記のような表で行う。

	a	*i*	*u*	*e*	*o*
l	*la*	*li*	*lu*	*le*	*lo*
r	*ra*	*ri*	*ru*	*re*	*ro*
f	*fa*	*fi*	*fu*	*fe*	*fo*
v	*va*	*vi*	*vu*	*ve*	*vo*
θ	θ*a*	θ*i*	θ*u*	θ*e*	θ*o*
ð	ð*a*	ð*i*	ð*u*	ð*e*	ð*o*

　個々の発音記号を紹介した後でこのような表を用いて発音記号の練習を行ったり，空欄にしておいて書かせることで練習を行うとよい。

TIPS

　ここには紙面の都合で掲載できないがキャ [kja] のような拗音がくる場合なども表を作成する必要があろう。日本語と違う発音の発音記号を日本語との比較で練習する方法に抵抗がある方もおられるかもしれないが，表で練習するときも英語の発音で練習することで，日本語の発音との違いを意識させる。

Scene 37 何度注意しても予習をやってこない

●生徒の様子

　単語調べや，教科書の本文を写すことなど予習を課しているが生徒がやってこない。

●指導アイデア

❶家庭学習を予習中心から復習中心になるよう授業内容を変更する

　生徒が予習をやってこないのは怠慢も原因であるが，予習をやる気がしなかったり，予習内容が難しすぎて時間がかかる，予習をやることに意義を感じないなどの理由があろう。

　教科書本文の単語調べを例に挙げる。教科書本文の単語を事前に調べてくるのは生徒に負担である。授業中に日英対訳単語シートを配付し，練習するとよい。1課が始まるときにその課のすべての単語を導入し，毎時間すべての単語を様々な形で練習する（安木，2014）。特に難しい単語に関しては，日本語の欄を空欄にしておいて授業中に辞書を引かせ，皆で文脈の中での意味を考える。

　もう一つの予習の例として，本文の筆写について考える。初見の英文を予習の段階で写す宿題は現在でも存在している。しかし本文を書写するという作業は学習者にとって簡単な作業なのであろうか。安木（2013）は高校生41名を対象に表の英文を裏に書写する裏面書写（パラパラ）を行った後でその英文の内容理解と様々な音読を行い，再度裏面書写（パラパラ）を行ったところ，記述量が有意に増えたことを報告している。このことから内容理解や音読を行わないで英文を写す作業は，学習者にとって負担のかかる作業であ

ることがわかる。英文を写す作業は内容理解や音読を実施後，英語の定着作業として行うとよい。つまり復習段階での活動としてふさわしいと言えよう。

❷本文を導入した後で細部を問う内容把握の問題を出す

　予習を課す授業を完全にやめることが難しい場合もあろう。その場合特に内容把握に関しては注意が必要である。初見の文章は新出単語の認知の自動化がなされておらず（単語を正確な音で読めず意味がわからない），熟語の意味も知らず，背景知識もない，またスローラーナーは既習の単語や熟語に関しても同様の現象が見られるので，予習をしようとしても QA などの課題に取り組むことができない。また，いきなり初見の文章を自宅で読むこともなかなか取り組む気が起こらない。そこで授業中にある程度まで本文の導入を行っておくとよい。オーラル・イントロダクションによる内容導入や単語の導入，閉本での教科書本文の概要を問う質問を与えてのリスニング，さらに開本で段落ごとに概要を問う発問に答えるところまでを授業中に行い，自宅での課題として細部の発問やディスコースの流れを問う発問などに答えてくる方法がよい。ある程度までの意味理解を授業中に行っているので生徒は取り組みやすくなる。

TIPS

　英語の予習を課すことはまだ多くの学校でなされている。しかしその課題が本当に生徒のためになるものであるのか，また難しすぎて全く取り組めない生徒が出てくるものでないのかを一度立ち止まって考えてみるとよい。復習中心の課題に転換するか，少なくとも予習がしやすくなるような授業の延長としての課題に転換するとよい。

4 その他のつまずき

Scene 38　英単語が暗記できない

●生徒の様子

　音と意味がかなり一致し，英単語が発音できるようになっても，英単語の暗記に困難を覚える。

●指導アイデア

　特に中学高学年から高校生は英単語が暗記できないつまずきが多い。学習指導要領では小中で最大2500語，小中高で最大5000語程度の英単語が指針とされており，生徒は学年が上がるにつれて単語の暗記につまずくことになる。

❶学習済みの範囲を音読後，小テストを行う

　生徒にとって最も身近な教材は教科書であり，学習指導要領に沿って作成されているため，様々な方法で教科書を繰り返すことで単語学習が可能になる。様々な形で教科書を使って活動を行い，教科書の本文を文脈を意識して英単語を暗記できるように教師は工夫する必要がある。まず学年前年度の教科書は一つにまとめ，いつでも参照できるようにするとよい。中２のときは中１の，中３の前半は中２の教科書を使って行う。高校でも英語コミュニケーションの教科書を使って同様の活動を行うことができる。以下の方法で行う。

　①あらかじめテスト計画を配付（１回のテストで２～３パート）し，教科書の全文訳を配付する。テストは２種類あるので２回に分けて行う。

　②前時の授業中に次回のテスト範囲を音読する。その際リード・アラウド・リッスン・アンド・リピート（教師が日本語で意味を言い，生徒が

英語を読み上げ，再度教師が英語を音読し，生徒が英語を言う）（安木，2022）のような音声や意味を再確認する音読を入れておく。

③1回目のテストではあらかじめ教科書の意味を確認したい英単語やチャンクに下線を引いておき，その部分の文脈の中での意味を日本語で書かせる。終了後は自分で採点させる。文中でなぜその意味になるか説明が必要な箇所は教師が説明する。最後に再度オーバーラッピング等で同じ範囲を音読しておく。自宅で同じ範囲を音読しておくよう指示する。

④2回目のテスト後の次の時間は同じ範囲で重要単語を（　　）で抜いたクローズテストを行う。その際スローラーナーに配慮して（　　）で抜く部分には日本語での意味を入れておく。1回目のテストと同じ箇所と決めておいて1回目終了時に問題をあらかじめ配付しておくとよい。テスト終了後に再度音読を行う。

❷対訳つきの英文で多読を行う

　本来の多読は日本語訳なしで読み物を読んでいくものであり，偶発的な単語学習が期待される。ここで提案するのは短期間で受容語彙（聞いたり読んだりする際に使用できる語彙）を増やすために行う多読である。読む英文のレベルは辞書なしで読める程度のものとするが対訳なしの多読の英文ほどは簡単である必要はない。生徒には自主学習の方法として勧めたり，長期休暇の課題として出すとよい。対訳つきの本や日本語訳のある長文など英語と日本語訳がついた読み物を生徒は自分の力で読んでいく。その際意味がわからない単語が出てきたら，その単語を○で囲み，単語が表す日本語にも○をつける。一定期間後（例えば1週間後）にその単語を読み，意味がわかっていればチェックする。できなかった単語のみできるまで繰り返し行う。

TIPS

　英単語は文脈の中で繰り返し接し，様々な活動を行う中で暗記できる。その環境を授業や家庭学習の中で生徒が行えるよう配慮する。

４ その他のつまずき

Scene 39　文章の細かい意味がわからない

●生徒の様子

　文章全体の意味はなんとなくわかるが，難しい構造の文になると正確な意味がわからない。

●指導アイデア

❶１課の活動のまとめとしていくつかの文を選び英文和訳を行う

　以前のように英文和訳を予習に課したり，英文和訳を授業中に延々と行ったりすることはあまりなくなった。しかし中学高学年の英文は従来と比較して構造が難しくなり，高校教科書と判別がつかないレベルとなっている。QA だけでは正確な意味を把握できているとは言えない状況にある。和訳を配付してもなぜその意味になるのか答えられない生徒もいる。そこで１課のすべてのパートを終えた段階で，リテリングややり取りの活動などを行う前に１時間だけ使い和訳を行う活動を紹介する。方法は以下のようになる。

　①教科書の１課全体の本文を１枚のプリントにまとめ，その中で意味理解が難しい英文各パート２か所程度（３パートの課なら６か所）に番号を振り下線を引く（構造のみならず文脈を意識しないと意味がわかりにくい英文を選ぶようにする）。プリントの下には日本語訳を書くスペースもとっておく。前の時間に生徒に配付し次の時間までにやっておくように指示する。

　②（次の時間）４名程度のグループになり各自の訳を比較し，なぜその訳になるのかを考えグループとしての訳を決める。

　③各グループの訳を設問ごとにタブレットを使って Teams の投稿欄など

に入力するよう指示し生徒は分担して入力する。

④教師は設問ごとの訳を投影し，なぜその訳になるかを生徒に問いながら１問ずつ生徒と一緒に考える。あるいは，生徒が作成した訳を事前に回収し，その中で生徒の思考を深めるような訳（必ずしも正解でなくてもよい）を提示し，なぜその訳になるのか，どこが違っているのか等をペアやグループで考えさせて，教師がまとめる。

❷本文を導入した後で細部を問う内容把握の問題を出す

時間の関係で本文の内容把握のためのQAなどを課題に出さざるをえない場合でも，オーラル・イントロダクションと単語の導入，閉本でのリスニングと開本での音声ペースメーカーでの本文を黙読しながらの内容の概要把握（Qを与えた後でその答えを探しながらポーズつき音声に合わせてスラッシュつき英文を音声に合わせて黙読）をしておき，その後，詳細を問う発問や，自分の考えを問う発問を課題に出すことで，生徒は課題にも取り組みやすくなる。自宅で課題を行う際にも音声ペースメーカーで行うよう指示しておく。

TIPS

　❶の活動の生徒の答案を集めて代表的なものを授業中に投影し，意味を考えてもらう活動は私が高等学校の教員時代に行っていた。ほぼ英語だけで授業を行っていたが校外模試の成績がよくなくて困っていた。そこでどこで和訳を入れて構文解析を授業に組み入れるか悩んだ末考え出したのがこの方法であった。数か月後校外模試の平均偏差値が大幅に向上したのでとても効果があると感じた。英語だけの授業で進めていくと，英語の正確な意味がわかっていない場合があるので，❶のような協同で訳を考える活動を1課の中で1時間だけ入れてみてはいかがであろうか。

④ その他のつまずき

Scene 40　音読の宿題をやってこない

●生徒の様子

　生徒は音読を授業中や自宅で行っているが改善を認識できず，またやる気にならない。

●指導アイデア

❶音読に対して ICT を用いてフィードバックを行う

　自宅で音読やリテリングの練習を行うように指示しても，全員の生徒の音声を聞いている教師は少ないのではなかろうか。課題に出した音読やリテリングを生徒に音声で提出させフィードバックを与えてはいかがであろうか。提出は自宅で音声や映像つき音声を送付でできる環境にあれば自宅から，それが難しい場合は次の授業のはじめに配付しているタブレットを使って行うとよい。

　フィードバックの方法は音声認識ソフトによる自動修正機能があるものもあるが，簡単でよいので教師がルーブリックを利用した評価と，よい点と改善点についてのコメントを与えることを勧める。それにより英語そのものに対するコメントに加えて，感情をこめて読めているか，前回より上達しているか，特に何に気をつけるかなど様々な面からコメントを与えることができる。

　私の場合は大学の授業において，音読アプリ Qulmee（EAST EDUCATION）を利用して，英語の時間に行った音読の延長として自宅での音読を課し，それに対して評価とコメントを与えるという活動を過去数年間行ってきたが，どのクラスで行ったときも，多くの学生が，音読の際の発音やプロソディー

が向上し，事後アンケートで「今後英語学習で音読をしていきたい」という学生の数が増えた。Qulmee はポーズつき音声も作成できるので，学生にはまずポーズつき音声で練習するよう指示した。

2023年現在では Microsoft Teams の Reading Progress，やロイロノート・スクール，Google Classroom，Qulmee などを使って音声提出をしている例などが見られるようになってきた。

❷授業中に基本的な音読は行っておく

授業中には重要な発音やアクセントの位置，イントネーション，連結などの位置を確認する。また文字を読むことが著しく困難な生徒がいる場合には仮名をふったプリントを配付することが必要な場合もある。

まずは音声モデルでの様々な音読後，バズ・リーディングを行い，自分で音読ができる状態にまでは少なくとも授業中に行っておく。生徒の自宅での音読をしやすい状態にしておく。

❸音読マラソンを行う

自己申告制になるが，自律的な学習者を育成するためには音読マラソンを行い，カードに音読ページ数を書かせてもよい。また読めるようになったら先生のところに来て音読しサインをもらう方法もある。カードを使用しないで各自音読するごとに音読した教科書のページに正の字を書かせる方法もある。

TIPS

自己学習の中で音読は最も行いやすく，英語力も向上させる技能であるが，生徒はなかなか取り組もうとしない。様々な方法で取り組むように仕掛けていく。

3

スローラーナーを
やる気にする
指導の Q&A

スローラーナーのやる気をアップする指導について，
よくあるお悩みの解決方法を Q&A 形式で提案しま
す。

Q1 集中力がない生徒には どう対応すればよいでしょうか

A | 目標の明確化・時間設定の細分化・活動の多彩性を重視する

　目標は最強の意欲の発信源となり集中力を高める。さらに，短時間・継続型で多彩性のある帯活動で，集中力を増幅・持続させることが可能である。

①バックワード・デザインに基づき達成目標を階層化する

　生徒の意欲と集中力の強化には目標設定とその階層化が重要だ。教師が目指す生徒と集団の姿を示した上で，学習の最終ゴールである長期目標，それを達成させる短期目標，そして具体的な活動ごとの行動目標を持たせる。目標設定後は掲示による可視化を行うとよい。筆者は，願いを反映した集団規範ともなる目標を提示するとともに，クラスモットーとして毎時間声に出し生徒と共有している。

②時間と活動を細分化する

　集中力の持続には，活動ごとのメリハリとアクティブさが必要だ。筆者は帯活動を軸に授業構成を行う。帯活動により，活動が細分化され，授業に緩急と変化を持たせることが可能だ。また，素早い気持ちの切り替えが高い集中力を生み出す。帯活動は継続性が高く，生徒はやり方を把握しているため，負荷を下げることができる。生徒主体の学習形態，自己関連性の高い活動や活動構成の工夫が生徒のエンゲージメントを高める。

　外的環境，性格，体調，そして教師や生徒との関係性などで集中力は左右される。学級集団や生徒の実態に応じた工夫と対応をする。

Q2 自信を持てない生徒には どう対応すればよいでしょうか

A 生徒のポジティブなマインドセットを形成し，教師が生徒の心に響くフィードバックを行う

　言語学習はマラソンのように持久力が必要だ。何事にもポジティブに挑戦する意欲と教師のフィードバックがそのスタミナとなる。

①努力と成功体験の蓄積で内面的なポジティブなマインドセットを持たせる

　「発音ができない」「考えを英語にできない」など自信のなさの要因は様々だ。自己効力感には努力と成功体験が大きく関係する。挙手や仲間の前でのスピーチなど，学校生活では挑戦する機会が溢れている。筆者は，生徒が挑戦に対し前向きになる集団づくりと生徒同士の共感性の育成を目指し，"Help each other!" "Let's make mistakes!" をグラウンド・ルールとして示す。特に後者を宣言することで，誤りが許容され，生徒の言語活動への積極的関与を生み出し，集団凝集性の強化につながる。

②フィードバックで生徒と共感的関係を構築する

　他者からの承認経験が乏しい生徒は自己効力感が低い。生徒の気持ちに寄り添った共感的な言葉かけや努力要因を称賛する肯定的なフィードバックが重要だ。相手に理解され必要とされている実感が，心理的安全性を生み出し自分の可能性を信じた行動につながる。

　教師と仲間のかかわりが大きな力になる。教師からは個別の支援と指導を行う。学習形態を工夫し，仲間からのサポートを得られる状態をつくる。

Q3 仲間と協働できない生徒には どう対応すればよいでしょうか

A 協働できない理由を明らかにし，個別対応をする

　まずは生徒理解が重要だ。協働で学ぶ上でどこに困難を感じるかを把握する。その上で，協働を歓迎する学習集団づくり，目標達成に向け一人では解決できないタスク設定，そして仲間からの支援を得やすい場面をつくる。

①生徒が抱える困難を理解しやり取りを支援する

　協働できない生徒の多くは自己表現に課題を抱えている。よって，教師は共感的な態度で生徒の話を聴き良好な関係性構築に努めるとともに，発言を言い換え他者とつなぐ言葉かけなどの支援を行う。英語ではリキャストである。生徒の有意義なロール・モデルとなるような教師の介入が求められる。

②ポジティブなクラス・カルチャーを構築する

　協働学習を機能させるには，強固な土台として同じ目的のために助け合い支え合う関係性の構築が必須だ。学習集団の状態が生徒の協働性に大きく影響を与えるからだ。筆者は実現の手立てとして，目指す学習集団の姿を6つのクラス・モットー，またさらに良好なコミュニケーションの実現のためのルール（胡子，2011）を生徒と共有し徹底している。毎時間授業開始時に，生徒と声を出し，集団として一つの目標に向かう士気を高める。目指す姿を実現できる集団になるための意識の高揚を図る。

　「生徒たちは必ずできる」と信じる教師の強い期待（ピグマリオン効果）があってこそ，モットーとルールは力を発揮する。

Q4 All in English 授業に困り感を持つ生徒には どう対応すればよいでしょうか

A 授業構成の工夫と，多感覚学習・協働学習を取り入れる

　授業構成を工夫し英語に慣れさせる。学習につまずく生徒の多くは，視覚や聴覚の情報処理に課題を抱えることがあるため，多感覚を活用し弱点にアプローチする。また，困ったら仲間に尋ねることを厭わない集団づくりを行う。

①帯活動で授業構成を定型化する

　帯活動の繰り返しで英語に慣れ，指示がわからない壁を取り除く。聞き流し防止に順序や指示を変えるが，毎時間根気強く取り入れることで，生徒自らが使えるほど活動で使う表現が馴染んでくる。

②ビジュアルエイドを活用する

　絵・写真・動画・表・グラフ・図形・色・ジェスチャーなどのビジュアルエイドでイメージが湧くように視覚支援する。協働学習の中で，ピア・メンタリングを活用し，励まし支えながら生徒同士が相互依存する中で疑問点を解決させる。文部科学省が「授業は英語で行うことを基本とする」と打ち出して以降，生徒の実態を考えず英語を使う教師が増えた。生徒の困り感を増幅させる一因だ。教師のしゃべりすぎはご法度だ。「生徒が主役となり英語をバンバン使う授業」が目指す All in English 授業である。

> 　生徒の実態を踏まえたアプローチで，不安を一掃することが大切だ。英語に触れ，英語を使って活動させる。

Q5 文字を読めない生徒には どう対応すればよいでしょうか

A フォニクスで音と綴りの関係を定着させ，ローマ字から脱却させる

　日英は，文字・音・音節・母音の数など多くの違いがある。特に文字を読むことの克服には，音と綴りの関係をインプットする必要がある。

①フォニクスで文字と音の関係を定着させる

　英語は，文字そのものに意味はなく音を表す「表音文字」である。日本語は漢字のように一つひとつの文字が意味を持つ「表意文字」と平仮名のように音素がある「表音文字」を併用している。この言語体系の違いがつまずきの原因になる。特に，アルファベットの導入を名前読み（a エイ，b ビー，c スィー）で行うと，音読み（a ア，b ブ，c クまたはス）と異なることで混乱する。よって，単語も文も音声から文字に移行する流れをつくり，フォニクスで綴りと音の関係をインプットする。これらを習得すると，未知の単語でも正確に発音したり，初めて聞く語の綴りを類推したりできるようになる。

②ローマ字から脱却させる

　ローマ字の学習後，「ローマ字＝英語」と思う子が多い。また本来は20以上ある母音を5つと刷り込まれる。そのため，ローマ字学習を生かすと，bag →バッグのようなローマ字読みやカタカナ読みになる。cake のように綴りは簡単だが正しく発音できないことも起きる。ローマ字は英語とは違うという認識を持たせ，粘り強く全体指導と個別支援を繰り返すことが大事だ。

> 日本語のクセやローマ字に影響されないようフォニクスに取り組む。

Q6 文字を書けない生徒には どう対応すればよいでしょうか

A よい姿勢と鉛筆の正しい持ち方を指導し，文字の大きさ・高さ・直線・曲線などの字形をつかませ，書くトレーニングを行う

　読むことと同様，音と綴りの関係のインプットも必要だ。加えて，書く基本姿勢と鉛筆の持ち方を意識させ，文字の特徴をつかませる指導を行う。

①よい姿勢と正しい鉛筆の持ち方を徹底する

　姿勢と鉛筆の持ち方が崩れると身体に力が入り字形が崩れる。書くのが苦手な生徒には，腕の使い方の練習が必要だ。お勧めは右回り左回りと螺旋を書くことだ。肘から手首を大きく使うトレーニングになり運筆力を高める。書くスピードが遅かったり字形が整わなかったりする場合に効果がある。

②文字の特徴で分類し，書き順を徹底する

　大文字はすべて最高線と基本線間に書くため取り組みやすい。「縦・横の直線だけ（I，L，E など）」「斜め直線が入る（M，N，W など）」「時計回りの半円が入る（B，D，P，R）」「反時計回りの半円が入る（C，G，O，Q）」「その他（J，U，S）」と分類し，一文字集中でなく順番に発音し書かせる。腕の動きに慣れさせ字形を整えるためだ。画数や文字幅による分類も効果的だ。小文字は最高線と最低線間を使うので複雑だが，大文字と同様の分類に加え，文字の高さや向き・音・画数で分類するとよい。英語には書き順がないが，書き始めを揃え，「上から下」「左から右」「点と横棒は後」を徹底する。

> 書く練習を繰り返すだけでなく分析的に指導することで書く力がつく。

Q7 即興で話すことが不安な生徒には どう対応すればよいでしょうか

A 即興スピーキング（帯活動）を毎時間繰り返し，心理的負荷を下げる。原稿に頼らず，頭の中で話す内容を組み立てる練習を行う

　生徒の主な不安要素は言語面と内容面だ。それらの払拭には，間違いに寛容で発話しやすい環境づくりはもちろん，帯活動と協働学習が効果的だ。

① "Fluency first" で間違いに寛容で発話しやすい集団づくりをする

　不慣れな言語を駆使し即興の活動に挑ませるには，安心して自己開示でき間違いを厭わない一体感のある集団を育てるのが肝要だ。筆者はクラス・モットーの一つに "Let's make mistakes!" を掲げている。モットーを歓迎し受け入れると，間違いに寛容で互いに成長に向け努力する集団になる。誤りの許容は言語活動への積極的な関与を生み，集団凝集性の強化につながる。

②帯活動と協働学習で毎時間仲間と協力させる

　帯活動に Pair chat を行うのが有効だ。一人では言いたいことが言えずに終わる場合もあるが，詰まったらペアからの助けや Recast を入れる。「こう言えばいいのか」とペアの表現から学んでいく。また，日頃からマンダラートやマッピングで即座に自分の考えを出すトレーニングを行っておくことも即興力を鍛えるのに有効だ。お題は既知の内容で一度は自分の口で語ったことがあるものから始め，徐々に難度を上げる。事前に英語を書かず，お題に関する１分間マッピングを足場がけにしてもよい。

> "Fluency first, accuracy second." で即興スピーキングのハードルを下げる。帯活動で即興スピーキングを徹底して行う。

Q8 語順を理解できない生徒には どう対応すればよいでしょうか

A 日本語と英語の構造の違いを理解させるのと同時に，英文を チャンクで区切り，単語から文を組み立てる要素を視覚的に つかませる

　語順がランダムでも助詞の働きで日本語は意味が通るが，英語は語順が変わると意味が変わり通じなくなる。日本語と比較しながら練習を行う。

①日英の違い・特徴と英語の発想を押さえ，主語ありの日本語を考えさせる

　日英では「話の展開」と「主語の有無」が大きく違う。価値観や文化の違いが影響を与える。英語は「結論・主張→説明・具体例」となり，日本語は逆だ。一文の中でも，英語は動詞が主語の後に出現し「大切なこと」が早く明確になり付加情報は後述される。日本語は主語と述語の間に情報が挟まれ，最後まで結論が不明だ。また，主語に関して，英語は必ずあるが日本語は曖昧である。主語なし日本文を英語にできない学習者が多いため，「必ず主語を入れる」「小さい子に伝わる日本語にする」ことを指導するとよい。

②視覚化により英文構成をつかむ指導を行う

　音読時にスラッシュリーディングでチャンクで区切る。主語・動詞の確認を必要に応じて行い，返り読みをさせない。ライティングの際，黒板に「S・助V・V・説明」カードや疑問詞カードをはりつけたり，ワークシートを同様に区切ったりして，文の構成要素を常に意識させる。

　　スピーキングとライティングの中で語順を意識した活動を行う。フィードバックしながら定着するまで粘り強く指導する。

Q9 忘れ物が多い生徒には どう対応すればよいでしょうか

A 生徒と話をしたり観察したりして，忘れ物をする原因を明らかにした上で，個別に対応を行う

　忘れ物をしたくて忘れる子はいない。個別に寄り添い適切な指導を行う。

①忘れ物の原因を把握する

　よくある原因は，「持参物を理解してない」「持ち物がどこにあるかわからない」「準備時間が不足している」の３つだ。最初の原因は，時間割の伝達時に持ち物の詳細を伝え，連絡帳に書き写すことで解消されるが，帰宅して見るのを忘れる可能性もある。第二は，部屋が散らかっており必要なものがどこにあるかわからない状態だ。片づけと整理整頓を保護者にお願いする必要もある。第三は，朝慌てて準備することや優先順位をつけることができず準備を後回しにするために起きる。「やることリスト」を作り，視覚化によって確認させながら取り組ませるとよい。

②忘れ物防止の対策を立てる

　家庭での協力も得ながら「持ち物確認の習慣づけ」を行う。学校では，連絡帳に持参物を記入しているかの確認を行う。また，一日の中で準備する時間を固定しルーティン化したり，物の置き場所を決め片づけと整理整頓を日常化したりすることを指導する。

　話をしたからといって，すぐに忘れ物が改善することはないので，粘り強く長期戦で見守ることが必要だ。

Q10 配付物の整理ができない生徒には どう対応すればよいでしょうか

A 配付物は個人に渡される大事なものだと伝え，それぞれファイリングするように指導する

　中学校からは各教科それぞれの配付物があるため，扱う配付物の量も多くなる。それらを保管しまとめる場所を確実にすることが大切だ。綴じる場合は穴をあけて渡す。

①ファイルを準備させ，教科（種類）別に分類させる

　ハンドアウトの配付を行う教科は，年度当初に２穴のファイルを持たせることが多い。そのファイルに確実に綴じるように授業時に指導する必要がある。ライティング用，リーディング用など分ける場合は，見出しシールや仕切り用紙を使うと，綴じる場所をわかりやすくすることができる。

②目的別に分類させる

　「提出用」「保存用」「授業用」「保護者用」など配付物の目的は様々だ。同一教科のものは前述のように行えばよいが，「保護者用」は別のクリアファイルなどを用意し，確実に保護者に渡るように指導する。配付物に対して扱いが甘い生徒の多くは，それらが大事なものだと思っていない場合もある。よって，記名の必要がなくても，配付後に記名をさせると大事に扱う生徒が増える。

　　配付物の分類・整理は，日常の整理整頓への意識も大きくかかわるため，日々の声かけによる意識化で行動を促す。

参考文献

はじめに

葉山梢.（2023）.「英語嫌いにさせない！英語好きの小学生が減少、中学生は成績が二極化の傾向　その原因は？」朝日新聞 EduA（2013年1月13日）

Chapter 1

東京大学社会科学研究所・ベネッセ教育総合研究所.（2020）.「高1生の英語学習に関する調査＜2015-2019継続調査＞」https://berd.benesse.jp/up_images/research/all4.pdf

ベネッセ教育総合研究所.（2014）.「中高生の英語学習に関する実態調査2014」https://berd.benesse.jp/up_images/research/Teenagers_English_learning_Survey-2014_ALL.pdf

安木真一.（2017）.「工業高等専門学校における音読中心の4技能統合型指導の実践　―スローラーナーへの指導に配慮して―」『中国地区英語教育学会研究紀要47巻』, 105-113.

瀧沢広人.（2013）.『英語授業のユニバーサルデザイン　つまずきを支援する指導＆教材アイデア50』明治図書

村上加代子.（2018）.『読み書きが苦手な子どものための英単語指導ワーク』明治図書

「英語の会（発音記号3時間マスター）」https://eigonokai.jp/

Chapter 2 1

アレン玉井光江.（2019）.『小学校英語の文字指導　リタラシー指導の理論と実践』東京書籍

「Examples of Consonant Blends + Word List」https://examples.yourdictionary.com/examples-of-consonant-blends.html

「YourDictionary」https://examples.yourdictionary.com/

Chapter 2 2

金谷憲・小林美音・告かおり・贄田悠・羽山恵 .(2015).『中学英語いつ卒業？ 中学生の主語把握プロセス』三省堂

Suzuki,Juichi. (1991). An Empirical Study on a Remedial Approach to the Development of Listening Fluency : the Effectiveness of Pausing on Students' Listening Comprehension Ability.Language Laboratory,28,31-46.

安木真一．(2001).「フレーズ音読を中心にした授業の効果と問題点」『STEP BULLETIN Vol 13』日本英語検定協会，84-93.

安木真一．(2010).『英語力がぐんぐん身につく！驚異の音読指導法54』明治図書.

田地野彰．(2011).『〈意味順〉英作文のすすめ』岩波書店

安木真一．(2016).「英語学習者の文法上のつまずきを減らすための提案―中学校英語教科書基本文テストの分析から考える―」『中国地区英語教育学会研究紀要46巻』79-87.

安木真一．(2008).「音読指導における指導順序の提案」『第34回全国英語教育学会発表要項』430-431.

西垣知佳子・小山義徳・神谷昇・横田梓・西坂高志．(2015).「データ駆動型学習とFocus on Form ―中学生のための帰納的な語彙・文法学習の実践―」『関東甲信越英語教育学会誌29巻』113-126.

「DDL で学ぶ探求型英文法の学習」https://h.ddl-study.org/

鈴木寿一・黒川愛子．(2018).『TPR による英語指導法～外国語を聴き、体の動きを通して学ぶ～【全3巻】(DVD)』ジャパンライム

Chapter 2 3

Sarah Mercer, Zoltán Dornyei. (鈴木章能・和田玲訳). (2022).『外国語学習者エンゲージメント ― 主体的学びを引き出す英語授業』アルク

胡子美由紀．(2011).『生徒を動かすマネジメント満載！ 英語授業ルール＆活動アイデア35』明治図書

大塚謙二・胡子美由紀 (2012).『成功する小中連携！生徒を英語好きにする入門期の活動55』明治図書

胡子美由紀. (2016). 『生徒をアクティブ・ラーナーにする！英語で行う英語授業のルール＆活動アイデア』明治図書

Struyven, K., Dochy, F., & Janssens, S. (2005). Students' perceptions about evaluation and assessment in higher education: A review. Assessment and Evaluation in Higher Education, 30, 325-341.

Rakoczy, K., Harks, B., Klieme, E., Blum, W., & Hochweber, J. (2013). Written feedback in mathematics: Mediated by students' perception, moderated by goal orientation. Learning and Instruction, 27, 63-73.

Hosoda, C., Tsujimoto, S., Tatekawa, M., Honda, M., Osu, R., & Hanakawa, T. (2020). Plastic frontal pole cortex structure related to individual persistence for goal achievement. Communications Biology, 3, 194.

瀧沢広人・大塚謙二・胡子美由紀・畑中豊. (2020). 『4達人に学ぶ！究極の英語授業づくり＆活動アイデア』明治図書

胡子美由紀. (2020). 『中学英語　生徒が対話したくなる！発問の技術』学陽書房

胡子美由紀. (2022). 英語教育時評「スローラーナーが浅渕と学ぶ授業再考」『英語教育』2月号. 大修館

ヴィゴツキー（土井捷三・神谷栄司訳）. (2003). 『「発達の最近接領域」の理論：教授・学習過程における子どもの発達』三学出版

中嶋洋一他編著. (2017). 『"脳働"的な英語学習のすすめ 「プロ教師」に学ぶ真のアクティブ・ラーニング』開隆堂

Chapter 2 4

安木真一. (2022). 『スピーキング力に差がつく！英語アクティブ音読「超」指導法』明治図書

安木真一. (2010). 『英語力がぐんぐん身につく！驚異の音読指導法54』明治図書.

安木真一. (2014). 『英語力がぐんぐん身につく！驚異の英単語指導法50』明治図書

安木真一. (2013). 「英文の裏面書写の授業への応用に関する研究」『第39回全国英語教育学会北海道研究大会予稿集』

安木真一他.（2020）.『高校英語・スローラーナー支援のための実践的指導法と教材開発〜「つまずき」を克服するための授業と教材について〜【DVD３枚組】』ジャパンライム

Chapter 3
胡子美由紀.（2011）.『生徒を動かすマネジメント満載！　英語授業ルール＆活動アイデア35』明治図書

おわりに
東京大学社会科学研究所・ベネッセ教育総合研究所.（2020）.「高１生の英語学習に関する調査＜2015-2019継続調査＞」https://berd.benesse.jp/up_images/research/all4.pdf

おわりに

「スローラーナーがいないように見えるが実際は？」

「支援が必要に見える子が英語でやり取りできているが指導の具体は？」

　ご存じの通り，安木先生はスローラーナー研究の第一人者です。その安木先生が私の授業を観て抱かれた疑問です。

　どの子もアクティブに活動に挑む秘訣の裏には，スローラーナーへのケアがあるはずだと授業分析を行いました。安木先生の鋭い着眼により，改めて子どもたちと向き合い，スローラーナーへのアプローチを紐解き，新たな視点で授業改善を行うきっかけをいただきました。

　「高１生の英語学習に関する調査」（東京大学社会科学研究所・ベネッセ教育総合研究所，2020）によると，「苦手」意識を持つ生徒の７～８割は，「文法」「英語の文を書くこと」「単語を覚えること」「つづりを覚えること」などでつまずいていることがわかっています。

　英語が「苦手」でも「好き」，「得意」だが「嫌い」，そして「得意」で「好き」な生徒は，自分自身で，あるいは仲間や先生という他者の力を借りて，学習への動機づけを高める可能性があります。しかし，「苦手」で「嫌い」な生徒はそうはいきません。学習することに難しさを感じ，内容でつまずき，やる気を失い不安を抱えます。そんな生徒の多くが諦め，無気力になり，悪循環に陥っていきます。彼らのようなタイプが本書で定義しているような「学校において，英語学習でつまずいている生徒」，すなわち「スローラーナー」です。教師や仲間からのケアが大きなサポートになることは言うまでもありません。

　しかし，学校生活の中で困り感を持つのは「スローラーナー」に限ったわけではありません。どの子にも目に見えない手を常に広げ，寄り添いながら，目の前にいる子どもたちの力を伸ばしていけたなら，これほど素敵なことはないと思います。

　"Leave no one behind."「誰ひとり取り残さない」

生徒と共有している私のクラスモットーの一つです。この言葉を現実のものにするために日々の歩を進めています。

　「スローラーナー」は，「自分のペースでじっくり学ぶタイプの学習者」だと私は考えています。彼らは，努力したことが現れるまでに時間がかかるだけです。頑張っているうちに英語が嫌になってしまわないように，教師と仲間との温かいサポートを緩衝材にして，彼らがチャレンジする中で，「できる」ことを一つずつ増やしていく。これが彼らの自信になります。

　学校現場を取り巻く状況は多様です。でも，常に変わらないのは，教師のミッションは，すべての子どもの学びを，そしてウェルビーイングを保障するということです。そのゴール（目指す姿）に向かい，具体的な道筋を示し見通しを持たせることで，教室が，スローラーナーを含め，あらゆる子どもが力を発揮できる場となります。

　最後になりましたが，研修会やセミナーに熱心にご参加くださる先生や学生の方々。本書の執筆は，私たちに寄せてくださったみなさんの質問がベースで構成されています。安木先生，京都から広島まで授業を観に来てくださり，新たな研究の視点を私に示してくださいました。また遅々として執筆が進まない私に，温かい声をかけてくださったおかげで最後まで執筆することができました。私の教え子たち，きみたちは私の宝物です。共に授業をつくってこれた私は世界一幸せな英語教師です。本書の発刊に関わってくださった木山麻衣子氏。細やかな気遣いとともに，粘り強く支えてくださり，感謝の気持ちでいっぱいです。

　本書を通じてお伝えしたことが，手にとられた先生方の一助となること，また先生方がかかわるすべての生徒さんたちの夢中を引き出し，彼らの未来への選択肢が広がっていくことを願っています。

2023年7月

胡子美由紀

【著者紹介】

安木 真一（やすぎ しんいち）

京都外国語大学・京都外国語短期大学教授。大阪・東京の東海大学付属の高等学校，同中等部，鳥取県立高校，岡山県の高専勤務を経て現職。研究分野は英語教育実践学で，音読指導を中心に研究。近年は科学研究費を得て「スローラーナーを支援する英語指導法と教材の開発—ユニバーサルデザインを目指して」を行った。『中学校英語サポートBOOKS スピーキング力に差がつく！英語アクティブ音読「超」指導法』『目指せ！英語授業の達人27 英語力がぐんぐん身につく！驚異の英単語指導法50』『目指せ！英語授業の達人10 英語力がぐんぐん身につく！驚異の音読指導法54』（いずれも明治図書），検定教科書『Vivid English Expression』（第一学習社），『SUNSHINE ENGLISH COURSE』（開隆堂）など著書・論文多数。

胡子 美由紀（えびす みゆき）

広島市立美鈴が丘中学校教諭。広島大学学校教育学部中学校教員養成課程卒業。広島市立中学校，広島大学附属東雲中学校勤務を経て，現職。モットーは「限界をつくらない。言語は使いながら学び，学びながら使うもの。ことばの力が心を育てる」。検定教科書『SUNSHINE ENGLISH COURSE』（開隆堂），『目指せ！英語授業の達人38 4達人に学ぶ！究極の英語授業づくり＆活動アイデア（共著）』『同35 生徒をアクティブ・ラーナーにする！英語で行う英語授業のルール＆活動アイデア』『同16 生徒を動かすマネジメント満載！ 英語授業ルール＆活動アイデア35』（いずれも明治図書）など著書やDVD多数。

中学校英語サポートBOOKS

スローラーナーを取り残さない
英語のつまずき「超」指導法

2023年8月初版第1刷刊 ©著 者	安木真一・胡子美由紀	
2024年1月初版第2刷刊 発行者	藤 原 光 政	

発行所 明治図書出版株式会社
http://www.meijitosho.co.jp
（企画）木山麻衣子（校正）丹治梨奈
〒114-0023 東京都北区滝野川7-46-1
振替00160-5-151318 電話03（5907）6702
ご注文窓口 電話03（5907）6668

＊検印省略 組版所 朝日メディアインターナショナル株式会社

Printed in Japan ISBN978-4-18-361528-2

もれなくクーポンがもらえる！読者アンケートはこちらから